ETF
트렌드
2020

ETF 트렌드 2020

ETF트렌드포럼 편저

대변동의 시대,
이기는 판을 짜라

ETF TREND

vol.1

한스미디어

ETF 최고 전문가들과 함께
개인투자자에게 최적의 로드맵을 제시하다

글·박수인(메이크잇 대표)

금융 대중화를 목표로 재테크 큐레이션 그룹 '메이크잇'을 설립한 지도 3년째에 접어들었다. 메이크잇은 오랫동안 'ETF 전도사'로 활동해온 강흥보 센터장과 함께 국내 최초 ETF 전문미디어 'ETF 트렌드' 사이트와 유튜브 채널을 론칭하고 개인투자자에게 다채로운 국내외 ETF 콘텐츠를 제공하고 있다.

그 사이 ETF시장은 순자산총액이 2018년 41조 원, 2019년에는 51조 원을 돌파해 가파른 성장세가 이어지고 있다. 국내외 다양한 기초자산을 대상으로 한 ETF 신상품 공급과 국내외의 풍부한 유동성이 바탕이 되었다. 개인투자자에게도 소액 분산 투자, 낮은 운용보수 등 ETF의 여러 장점이 어필되면서 2019년 투자 주체별 거래 비중이 개인 38.6%, 기관 32.7%, 외국인 28.7%로 균형 잡힌 시장의 모습을 보였다.

지난 2년 동안 메이크잇 SNS 채널에는 'ETF 트렌드' 유튜브 구독자 7만 명을 비롯해 소셜 팔로워 20만 명 등 누적 5,000만 명의 독자와 시청자가 방문해 메이크잇의 다양한 재테크 콘텐츠를 이용했다. ETF시장을 포함한 개인 투자시장의 성장과 메이크잇의 성장이 궤를 같이했다고 할 수 있다.

　# 이 과정에서 메이크잇은 ETF 역사와 함께해온 국내외 ETF 최고 전문가들과 협업 네트워크를 만들어왔다. 뱅가드, 삼성자산운용, 하나금융투자, 삼성증권, 대신증권, 크래프트테크놀로지스, 타파크로스 등의 전문가들과 'ETF트렌드포럼'을 출범했다. 2019년 가을에는 ETF 전문가와 개인투자자가 한자리에 모여 국내 ETF시장 활성화를 위해 전문가 그룹이 맡아야 할 역할과 개인투자자 눈높이에 맞춘 ETF 투자 콘텐츠 개발 방향을 모색하는 자리를 마련했다.

　참석자들은 의미 있는 투자를 하기 위해서는 투자 대상과 시장 환경에 대해 신뢰할 수 있는 정보가 있어야 한다는 데에 공감했다. 그러나 개인투자자들은 고급 투자 정보를 얻고 분석하는 것이 어렵기도 하고 전문가의 컨설팅을 받는 것도 쉽지 않다는 점을 토로했다. 정보 취득과 분석력이 상대적으로 부족한 개미투자자들이 성공률이 낮을 수밖에 없는 이유일 것이다.

　이러한 정보 불균형을 해소하기 위해 메이크잇은 개인투자자를 대신해 금융 전문가들에게 투자 정보와 노하우를 질문하고 그들의 지식과 지혜를 빌어 전달하는 금융 콘텐츠 크리에이터의 역할을 자처해왔다. 설립 초기부터 150평 규모의 콘텐츠 제작 시설과 콘텐츠 디렉터를 비롯한 전문 인력 조직을 갖추고, 고객 인사이트를 바탕으로 금융 콘텐츠를 빠르게 기획·제작하고 있다. 나아가 투자에 관여되는 정보와 데이터를 수집·분석하고, 금융 정보를 쉽게 이해할 수 있도록 유용한 콘텐츠들을 모은 플랫폼을 구축하고 있다.

　# 우리나라 ETF시장은 큰 성장세에도 아직 시장이 개화되는 진입점에 있다는 것이 ETF트렌드포럼 전문가들의 일치된 견해다. 본격적인 국내 ETF시장의 성장을 목전에 둔 이 시점에 이제는 선진 글로벌 ETF시장에 대한 이해와 한 단계 더 들어간 디테일한 투자 전략이 필요하다는 아젠다가 제기되었다. 어떻게 ETF 투자 정보를 쉽고 시의성 있게 투자자에게 제공할 수 있을지 전문가들과 숙고했다. 그 첫 결과물이 《ETF 트렌드 2020》이다.
　바쁜 업무의 연속 중에서도 방대한 자료와 데이터에 파묻혀 집필에 열중하신 'ETF트렌드포럼' 전문가 한 분 한 분께 깊은 존경과 감사의 마음을 전한다. 한국 ETF시장의 성장과 투자자들을 위해 기꺼이 옥고를 보내주신 스페셜 칼럼니스트들께도 깊은 고마움을 전한다. 그리고 'ETF 트렌드' 사이트와 유튜브 채널에서 전문가 콘텐츠를 정독하고, 힘 되는 의견을 나누며 투자시장을 함께 헤쳐가고 있는 구독자, 회원 여러분께도 감사의 마음을 남긴다.

　자본주의 금융시스템이 발전하면서 복잡하고 현란한 금융상품들이 쏟아지지만, 개인투자자가 안정적인 수익을 낼 수 있는 거의 유일한 금융상품이 ETF라는 믿음은 변치 않는다. 나와 가족의 행복한 미래를 위해 재테크에 고민하는 투자자들의 간절한 마음을 기억하며, 감히 《ETF 트렌드 2020》의 일독을 권한다. 2020년, 우리는 앞을 내다보기 어려운 투자의 미래에 들어섰다. ETF트렌드포럼이 준비한《ETF 트렌드 2020》이 독자 여러분의 길을 밝히는 '투자의 등불'이 될 것이라고 확신한다.

앞으로도 메이크잇은 금융 교육, 콘텐츠 채널, 데이터 수집과 분석, 로보 어드바이저와 자동 반자동 매매솔루션들을 연결한 글로벌 멀티 플랫폼으로서 금융의 대중화를 한 발씩 실현해가려고 한다. 정보가 빈 약해서 투자에서 실패하는 개미투자자들이 없도록 모두에게 평등한 금융 교육의 기회가 주어지는 세상, 건전한 투자로 올바른 금융 문화가 널리 정착되는 날이 오길 바란다.

Contents

PART 2

대변동의 시대,
최악의 상황에서도 '이기는 판'을 짜라

글·ETF트렌드랩

'코로나의 해'로 기억될 2020년

중국 우한시중심병원 의사 리원량은 사스와 유사한 증상을 보이는 환자 7명이 발생했다는 병원 기록을 확인했다. 2019년 12월 30일, 리원량은 동료 의사들과 함께 감염이 확산될 수 있다는 우려를 소셜미디어를 통해 경고했다. 이때만 해도 새로운 바이러스가 2020년 전 세계의 경제, 정치, 사회에 막대한 영향을 미칠 것이라고는 아무도 예상하지 못했다.

중국 후베이성 우한시의 우한화난수산물도매시장에서 시작된 것으로 추정되는 바이러스는 2020년 1월 중국 춘절을 통해 중국 전역으로 퍼져 나갔고, 1월 20일에는 한국에서도 첫 확진자가 확인됐다. 불과 100여 일 만에 코로나바이러스감염증-19(이하 '코로나19')는 이란과 이탈리아를 거쳐 전 세계 210여 개국으로 빠르게 확산됐다. 전 세계에서

300만 명 이상이 바이러스에 감염돼 이 가운데 20만 명 이상이 바이러스의 직간접 영향으로 목숨을 잃었다(4월 말 기준). 사회 전반에 고강도 '사회적 거리두기'가 일상이 되고, 나라마다 여행 제한과 입국 금지 조치에 이어 국경 봉쇄와 국가비상사태가 선포되면서 실물 경제와 금융시장에 엄청난 충격을 주었다.

3월 11일, 세계보건기구 WHO가 뒤늦게 코로나19 확산을 세계적 대유행 '팬데믹'으로 선언하기 전까지만 해도 미국 경제는 2009년 6월 저점으로부터 2020년 2월까지 128개월 동안 역사상 가장 긴 경기 확장 국면을 이어가고 있었다. 각종 경제지표만이 경기 하락을 가리켰다.

2019년의 주요 고용지표·경기선행지수·소비자심리지수 등이 모두 하락하고 8월에는 미국 국채의 장단기 금리가 12년 만에 역전되면서,

중국에서 발발한 치명적인 바이러스가 전 세계로 퍼지며 경제, 사회, 정치에 막대한 영향을 끼쳤다.

11개월 후인 2020년 7~8월 정도에는 경기 침체가 올 것이라는 경고가 나왔다. 크리스탈리나 게오르기에바 IMF 신임 총재, 로런스 서머스 전 미국 재무장관, 노벨 경제학상 수상자 로버트 실러 교수, 글로벌 투자은행 골드만삭스와 JP 모건 등이 모두 2020년 미국 혹은 글로벌 경제가 위기를 맞을 수 있다는 우려를 내비쳤지만, 미국의 3대 지수는 연일 최고가를 경신했다.

코로나19는 경기 흐름을 다운사이클로 반전시키는 방아쇠 역할trigger을 했다. 코로나19의 영향으로 교역이 감소하고 기업의 순이익이 줄어들며 투자 위축, 경기 침체로 이어지는 사이클이 불가피하기 때문이다.

WHO의 팬데믹 선언 다음 날 미국 뉴욕 증시는 서킷브레이커 발동에도 불구하고, 뉴욕 증시 120년 역사에서 가장 충격적인 사건이라는 1987년 10월 '블랙 먼데이' 이후 최악의 폭락장을 기록했다. 다우존스지수는 2352.60포인트(9.99%), S&P500지수는 260.74포인트(9.51%), 나스닥지수는 750.25포인트(9.43%) 각각 하락했다. 다우존스지수는 고점에서 20% 이상 하락했는데, 과거 이 정도 낙폭은 경기 침체로 이어지곤 했다.

다음 날 미국 뉴욕 증시를 비롯한 글로벌 주요 증시는 폭락 하루 만에 반등했다. 세계 각국이 코로나19 사태에 맞서 경기 부양 조치에 적극 나서면서 투자심리가 개선된 데다가 전날 낙폭이 컸던 데 따른 기술적인 반등도 더해졌다. 특히 미국 뉴욕 증시는 장 막판에 국가비상사태를 선포한 도널드 트럼프 미국 대통령의 기자회견 이후 상승 폭을 두

배 이상 키웠다. 2008년 이후 하루 기준 최대 상승 폭이었다. 다우존
스지수는 전날보다 1985포인트(9.36%), S&P500지수는 230.38포인
트(9.29%), 나스닥지수는 673.07포인트(9.35%) 각각 상승했다. 이후 뉴
욕 증시는 이슈에 민감하게 반응하며 하루가 멀다 하고 1000포인트에
서 2000포인트까지 급등락을 반복하고 있다. 바야흐로 '대변동의 시
대'가 시작된 것이다.

대대공황(Greater Depression), 대변동 시대의 도래

코로나19로 촉발된 경제적 여파와 사회적 불안은 상당 기간 계속
될 것으로 보인다. 미국의 실업수당 신청 건수는 코로나19 사태가 야기

1930년대 초반 대공황으로 직장을 잃은 미국 실업자들이 시카고 무료급식소 앞에 줄을 서 있다.

한 일자리 피해가 어느 정도인지를 가늠할 수 있는 바로미터다. 실업수당 청구 건수는 3월 셋째 주(3.15~21) 330만 7,000건, 넷째 주(3.22~28) 664만 명으로 폭증해 2주 만에 실업자가 1,000만 명 가까이 늘어났다. 글로벌 금융위기 직후인 2009년 주간 실업수당 청구 건수 최대치인 65만 건보다도 10배 이상 많은 수치다.

2분기 들어 상황은 더 나빠지고 있다. 4월 첫째 주(3.29~4.4) 661만 명, 둘째 주(4.5~11) 524만 명, 셋째 주(4.12~18) 443만 명이 새롭게 실업수당을 청구해 WHO의 팬데믹 선언(3.11) 이후 5주간 실직자가 2,650만 명 수준으로 급증했다. 실직 위기에 처한 인구가 최대 6,680만 명으로 조사되는데, 이 계산이 현실이 된다면 실업률은 32.1%로 치솟는다. 미국 경제활동인구 3명 중 1명은 실업자가 된다는 얘기다. 경제 대공황이 절정으로 치닫던 1929~1932년 미국의 평균 실업률인 25%을 훌쩍 뛰어넘는 숫자다. 미국 컬럼비아대 빈곤사회정책 연구소는 미국의 실업률이 30%까지 치솟을 경우 빈곤율이 12.4%에서 18.9%로 급등할 것이라고 분석했다. 2,100만 명이 빈곤층으로 전락할 것이라는 암울한 전망이다.

대표적인 경제 비관론자로 '닥터 둠Dr. Doom'이라는 별명을 가진 누리엘 루비니 미국 뉴욕대 경영대학원 교수도 이 같은 코로나19 팬데믹의 영향으로 세계 경제가 대공황 때보다 더욱 심각한 '대대공황Greater Depression'에 빠질 것이라고 경고했다.

코로나19 확산에 따른 경제 위축의 심각성은 지난 4월 미국 뉴욕상업거래소NYMEX의 원유 선물거래에서 상징적으로 표출됐다. 코로나19

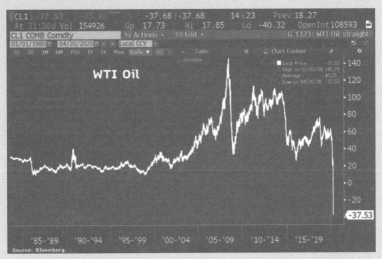

4월 20일, WTI가 하루 40% 수직 낙하하며 사상 처음으로 마이너스 유가를 기록했다.

여파에 사우디아라비아와 러시아 간 촉발된 '원유 전쟁'이 더해져 유가는 이미 배럴당 20달러 선이 무너져 있던 상황이었다. 4월 20일, 5월 인도분 서부텍사스유WTI는 장 시작과 함께 배럴당 14달러까지 떨어졌고, 오후 12시에 5달러 선, 오후 2시에는 1달러 선에 차례로 진입하더니 곧바로 마이너스권으로 내려앉았다. 이날 WTI는 하루 40% 수직 낙하해 배럴당 -37.63달러에 마감하며 사상 처음으로 마이너스 유가를 기록했다.

생산자가 되레 돈을 쥐어 주면서 원유를 팔아야 하는 아이러니한 상황이 발생한 것이다. 상품선물 계약의 경우 만기가 지나면 실물을 인수해야 한다. 5월물 WTI 만기일(4.21)을 앞두고 선물 투자자들이 5월물 원유를 실제로 인수하기보다는 6월물로 갈아타는 '롤오버'를 선택하면서 가격이 비정상적으로 왜곡되고 말았다. 통상 선물시장의 트레

15
INTRO

이더들은 종이로만 거래를 한다. 선물계약 만기가 다가오면 그전에 실제 기름이 필요한 정유사, 항공사 등 실수요자에게 넘기거나 아니면 다음 월물로 롤오버를 한다. 당장 선물을 가진 트레이더들이 5월에 실제 오클라호마 쿠싱에 가서 원유 실물을 인수해야 하는 상황에 몰리기도 했다. 5월물 계약을 넘기려 해도 시장에서는 계약을 인수하려는 실수요자가 사라진 탓이다.*

워낙 미국의 원유 소비가 줄어들었기 때문이다. 2019년 동기에 비하면 하루 300~500만 배럴까지 감소한 것으로 추정된다. 이에 따라 정유사들이 가장 먼저 생산량을 줄였다. 셰일오일 회사 등 원유사들이 산유량을 줄였지만 충분한 수준에 미치지 못했다. 유정을 폐쇄했다가 생산을 재개하는 비용이 크기 때문이다. 일부는 소량을 계속 생산하면서 버티는 전략을 택하기도 했다. 미국 에너지정보청EIA에 따르면 미국의 원유 재고는 4월 셋째 주 2,000만 배럴 가까이 늘었다. 기름 수요의 큰손인 항공사는 팬데믹의 여파로 비행기를 몇 달째 세워놓고 있다. 기름을 살 이유가 없다. 대규모로 원유를 사오던 곳들이 모두 원유가 필요 없다고 말하고 있다. 이 때문에 '원유를 팔겠다'는 셀러들만 붐비는 상황이 되었다.

통상 원유가 남으면 원유 저장고에 저장하면 되지만, 지금 저유고가 거의 다 차서 받겠다는 곳이 없는 상황이 벌어졌다. 쿠싱의 저유시설은 총 저장용량 8,000만 배럴의 70% 수준이 찬 상태라며, 남은 저장 용

---

* "'40달러' 황당한 유가가 출현한 이유", 〈한국경제〉, 2020.04.21.

량마저 이미 모두 예약됐다고 밝혔다. 파이프라인 회사들마저 더 이상 원유를 넣지 말라는 경고를 띄웠다. 파이프라인까지 꽉 들어찬 것이다. 유조선에 싼 원유를 실어 놓겠다는 이들까지 증가하면서 용선료도 폭등했다. 블룸버그에 따르면 이렇게 바다에 떠 있는 원유만 한때 1억 2,000만 배럴에 이르렀다.

IMF는 〈세계경제전망〉 보고서를 통해 올해 세계 경제성장률을 -3.0%로 전망했다.

선물 트레이더 입장에서는 팔 곳도 없고, 저장할 곳도 없기 때문에 결국 버리는 수밖에 없다. 하지만 원유는 아무데나 버릴 수 있는 물건이 아니다. 그래서 돈을 붙여주며 버려 달라고 해야 하는 상황이 된 것이다.

2020년 전망은 어둡다. IMF는 4월 14일 발표한 〈세계경제전망World Economic Outlook〉 보고서에서 올해 세계 경제성장률 전망치를 -3.0%로 제시했다. 앞서 1월 전망치를 3.3%로 내놓고 채 3개월도 지나지 않아 6.3%포인트나 낮춘 것이다. IMF는 보고서에서 현재 상황을 대공황에 빗대어 '대봉쇄Great Lockdown'라고 표현했다.

IMF는 이마저도 감염병이 조기에 종식되고 각국 정책 수단이 효과를 발휘할 것을 가정한 수치라고 했다. 글로벌 금융위기 직후인 2009년 세계 경제는 -0.1%의 성장률을 기록했다. IMF가 성장률 자료를 공개한 1980년 이후 역逆성장한 해는 2009년이 유일했다.

한편, IMF는 올해 한국의 경제성장률을 1월 제시한 2.2%보다 3.4%포인트 낮은 -1.2%로 전망했다. 코로나19 억제를 위한 한국의 전

방위적 접근과 신속한 경기 대응 정책이 국내 경기에 미치는 부정적 영향을 완화했다고 평가했다. 다만 한국의 높은 대외 개방도를 고려할 때 주요 교역국의 급격한 대외 수요 부진이 성장 전망을 제약한다고 설명했다. 국제 신용평가사 스탠더드앤드푸어스(-0.6%), 피치(-0.2%)도 올해 한국의 마이너스 성장률을 전망하긴 했지만, IMF는 이보다 훨씬 낮게 제시했다.

인류사에는 언제나 '빅 체인지' 사건이 있었다

대변동의 시대를 사는 것은 고단하다. 애써 익숙해진 관행을 바꿔야 하기 때문이다. 세계 석학들은 2020년 인류가 코로나 전BC, Before Corona과 코로나 후AC, After Corona의 세계를 거치며 모든 국면에서 근본적인 변화를 겪을 것이라고 예고하고 있다. 코로나19로 삶과 일에 대한 고정관념이 바뀌면 경제구조와 생활양식에도 큰 변화가 찾아올 것이다.

헨리 키신저 전 미국 국무장관은 월스트리트저널WSJ과의 인터뷰에서 "코로나19로 세계 질서가 바뀔 것"이라며 "자유 질서가 가고 과거의 성곽시대walled city가 다시 도래할 수 있다"고 전망하기도 했다. 코로나19로 인해 여행과 이주가 어려워지고, 생산공장을 포함한 글로벌 공급망이 본국으로 돌아갈 수 있다는 이야기다. 키신저 박사는 "코로나19 팬데믹이 종식되더라도, 세계는 이전과 절대로 같아지지 않을 것"이라고 했다. 공중 보건 위기가 최악의 거시경제 위기로 번지며, 지난 30년간 글로벌 경제 성장을 이끈 '세계화 시대'가 종말을 고할 수 있다는 경고다.

코로나19 이후 새로운 질서가 도래할 것이라는 점은 자명하다. 누구도 그 윤곽은 정확하게 모른다. 하지만 대비하지 않으면 온전히 살아남을 수가 없다. 14세기 중세 유럽의 봉건제 붕괴와 르네상스의 시작, 유럽의 남미 정복과 플랜테이션 농업의 등장, 미국에서의 자동차 대중화까지…… 사람들의 삶과 경제, 산업을 바꾼 인류의 '빅 체인지' 사건의 이면에는 전염병의 대유행이 있었다.*

14세기 중반 유럽을 강타한 흑사병으로 당시 유럽 인구의 3분의 1가량이 희생됐다. 학자별로는 사망자를 7,500만 명에서 2억 명까지 추정하고 있다. 이 같은 인구 격감은 봉건 경제를 흔들었다. 농노가 줄자 땅은 남아돌고 인건비는 최대 10배까지 뛰었다. 영주는 파산하고 자작농들은 늘었다. 베네치아를 중심으로 상업을 통한 부의 축적이 늘면서 르네상스의 기반이 다져졌다.

16세기 중남미는 유럽의 침략을 받아 일순간에 몰락했다. 재레드 다이아몬드는 《총, 균, 쇠》에서 유럽인이 갖고 온 천연두로 중남미 원주민들이 최대 90%까지 사망했다고 분석했다. 잉카제국에서는 황제와 후계자까지 모두 천연두 때문에 사망했다. 스페인은 노동력이 부족해지자 1,500만 명의 흑인을 서아프리카에서 남미의 대규모 농장으로 이주시켰다. 중남미는 물론 동남아시아까지 확대된 플랜테이션의 시작이다. 유럽의 남미 정복은 근대 교역 관계에도 큰 영향을 줬다. 남미에

* "코로나 이후…개인 삶, 기업 경영, 정부 역할 다 바뀐다", 〈한국경제〉, 2020.04.05.

서 생산된 막대한 금과 은이 유럽으로 유입되며 통화 가치는 떨어지고, 그만큼 상품 가격이 높아져 공업생산을 통한 가치 축적이 쉬워진 것이다.

1차 세계대전 직후인 1918년 세계적으로 퍼져 5,000만 명이 사망한 스페인독감은 세계사의 흐름을 바꿔 놓았다. 스페인독감에 따른 노동력 감소가 자본 집약도와 생산성 향상으로 이어져 1920년대 미국 경제 도약의 발판이 됐다. 1차 세계대전 직전 헨리 포드가 컨베이어벨트 도입으로 자동차 대량생산에 성공하자, 1920년대 미국에서 여행이 보편화되고 경제가 급성장했다. 이는 이후 대공황의 씨앗으로 작용했다.

2차 세계대전 이후엔 항공 산업과 크루즈 산업이 발전했다. 특히 '팍스 아메리카나'를 이룬 미국이 비행기와 유람선을 이용한 세계 여행을 주도했다. 세계화는 이때부터 본격적으로 시작됐다.

1990년대 후반 아시아 외환위기 이후엔 인터넷 혁명이 벌어졌다. 누구나 인터넷과 이메일을 이용하면서 온라인이 경제의 새 영역으로 자리 잡았다. 한국에서는 자영업자가 많이 생겨나고 직장에는 주 5일 근무제가 실시됐다. 글로벌 금융위기 이후엔 스마트폰이 나왔다. 이로 인해 모바일 혁명이 일어났다.

코로나 이후의 경제, 이기는 판을 짜라

'새 시대의 승자'가 되려면 미래 변화를 예민하게 살펴야 한다. 금융과 경제, 투자의 세계에서는 더욱 그렇다. 변화의 필요성에 대해 깊이 공감하더라도, 무엇을 어떻게 바꿔야 하는가를 아는 것은 전혀 다른 문제다. 금융시장의 트렌드를 정확히 이해하고 자신의 투자 방향에 대한 지향점을 분명하게 설정해야 한다.

우리 사회는 지금 어떻게 바뀌고 있는가? 우리는 어디로 가야 하는가? 우리는 그 어느 때보다 힘겹고 오래갈 위기 앞에 직면해 있다. 금융역사 120년 이래 한 번도 가보지 않은 가장 예측할 수 없는 세계에 들어서고 있다. 세계 미래학계의 대부로 불리는 짐 데이터 미국 하와이대 명예교수의 말처럼 "미래는 예측할 수 없다The future cannot be predicted." 그럼에도 불구하고 다가온 혹독한 경제위기의 실체를 인식하고 그 충격을 현명하게 대비하기 위한 노력은 멈출 수 없다. 혹독하더라도 위기와 하락 이후에는 안정적 성장이 예정되어 있기 때문이다.

세계 경제위기는 부를 쌓을 또 다른 기회가 된다. 2020~2021년 세계 경제는 불확실성 속에 변동성이 한층 커지겠지만, 대변동의 시대에 적절한 금융상품과 투자 전략이 뒷받침된다면 국내뿐 아니라 중국 등 해외에서 금융으로 부를 늘릴 수 있을 것이다. 그 기회를 살리기 위해 ETF와 ETF 동향에 더욱 주목해야 할 시점이다. ETF트렌드랩은 'ETF트렌드포럼' 전문가들과 함께 2020년 '대변동의 시대'를 맞아, 길을 잃은 개인투자자들을 위해 '이기는 판'을 만들 스페셜 리포트를 제안한다.

PART 1

글로벌 경제 발목 잡는
부채 리스크와 바이러스 쇼크

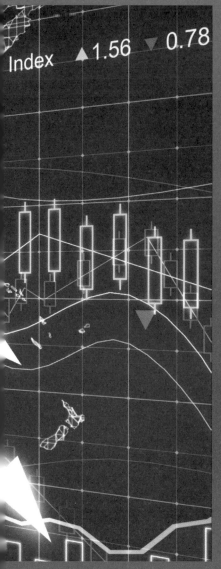

Index ▲1.56 ▼0.78

글·김영익(서강대 경제대학원 교수)

2020년은 투자자들에게 그 어느 때보다 변동성이 큰 해가 될 것이다. 부채에 의한 성장으로 체질이 약해져 있던 세계 경제에 코로나19라는 악재까지 거듭 터진 것이다. 이번 코로나19 위기가 산업생산에 미칠 영향은 2008년 금융위기와 미국 대공황의 중간쯤에 위치할 가능성이 높다. 각 연구기관에서 속속 내놓는 미국과 중국, 그리고 한국의 경제지표와 전망들을 살펴보며 세심한 전략을 짜야 할 때다.

#글로벌 거시경제 #코로나19 여파 #최악의 경제지표
#미국 경제 전망 #중국 경제성장률 #한국 내수경제

글로벌 경제 개관:
부채 위기를 부채로 극복할 수 있을까?

'코로나바이러스감염증-19(이하 '코로나19')'가 전 세계로 확산(팬데믹)하면서 글로벌 경제가 침체에 빠지고 있다. 각국 정책 당국은 전례 없는 통화 및 재정 정책으로 대응하고 있지만, 세계 경제에 내재되어 있는 근본적 문제를 해결하지 않으면 글로벌 경제는 장기간 저성장의 늪에서 벗어나기 어려울 것이다.

코로나19 이후 세계 주요국의 경제지표가 벼랑 끝에서 떨어지는 것처럼 추락하고 있다. 다음 장에서 주요 국가별로 경제 전망을 하겠지만, 우선 중국의 1~2월 소매판매가 전년 동기보다 20.5% 급락했고, 산업생산도 13.5%나 줄었다. 2009년 이후 경제성장을 주도했던 고정 투자는 마이너스(-) 24.5%로 하락 폭이 더 깊었다. 중국의 1분기 경제성장률도 전년 동기 대비 마이너스 6.8%로 나타났다. 다음 충격은 세계 국내총생산GDP의 25%를 차지하고 있는 미국으로 이어지고 있다. 3월 셋째 주~5월 둘째 주 신규 실업수당 청구 건수가 3,649만 건으로 급증했다. 역사상 처음 있는 일이다. 앞으로 발표될 고용, 소비, 생산 등 각종 경제지표들이 중국만큼 추락할 가능성을 예고해주고 있다. 그래서 2분기 미국의 GDP성장률이 마이너스 30%를 넘을 것이라는 전망도 나오고 있다.

한국 경제에서도 코로나19 충격이 소비와 투자 심리의 급격한 위축으로 먼저 나타나고 있다. 3월 소비자심리지수가 78.4로 전월보다 18.5포인트 떨어졌을 뿐만 아니라, 미국에서 시작된 글로벌 금융위기가 전 세계로 확산되었던 2009년 3월(72.8) 이후 최저치까지 떨어졌다. 한국은행에 따르면 3월 제조업 기업실사지수도 56으로 역시 2009년 3월 이후 가장 낮았다. 특히 비제조업 실사지수는 53으로 이 지수를 작성한 2003년 이후 최저치를 기록해, 서비스업 경기의 극심한 침체를 반영하고 있다. 앞으로 통계청에서 발표할 3~4월 산업활동동향에서 생산, 소비, 투자 등이 큰 폭 감소하는 것을 확인할 수 있을 것이다.

각국 정부, 경기 침체에 대응하여 과감한 대응
이러한 경제 상황에 직면해 있기 때문에 각국 정부와 중앙은행은 과감한 정책을 내놓고 있다. 특히 미국의 통화 및 재정 정책은 전례가 없을 정도로 규모가 크고 신속하다. 미 연방준비제도(연준)는 지난 3월 두 차례 긴급 공개시장위원회FOMC를 열어 연방기금금리 목표 수준을 1.50~1.75%에서 0.00~0.25%로 인하했다. 금융위기를 겪으면서 미국은 2008년 8월부터 2015년 11월까지 기준금리를 이 수준으로 유지한 적이 있었다. 여기다가 무한정으로 국채와 주택저당채권MBS을 사주기로 했다. 2008년 금융위기 이후 제4차 양적완화를 단행하고 있는 것이다. 2020년 5월 13일 연준의 자산이 6조 9,342억 달러로 2월 말보다 2조 7,756억 달러 늘었다. 또한 연준은 재무부와 같이 신용등급이 BBB- 이상인 회사채도 올해 9월까지 2,000억 달러 사주기로 했다.

통화 정책 못지않게 재정 정책도 적극적이다. 미국 정부는 총 2조 2,000억 달러의 재정정책을 내놓았다. 지난해 미국 명목 GDP가 21조 4,252억 달러였는데, GDP 10% 수준에 이르는 규모이다. 2008년 금융위기 때의 5%보다 2배 더 많다. 구체적으로 지출 내역을 보면 기업 구제펀드 5,000억 달러, 개인 현금 지급 2,500억 달러(연 소득 7,500달러 이하인 성인에게 1,200달러 지급), 실업수당 지원 2,500억 달러, 중소기업 지원 3,500억 달러, 기업 세금 공제 2,210억 달러 등이다.

한국은행은 지난 3월 긴급 통화정책방향 회의를 개최하여 기준금리를 1.25%에서 0.75%로 0.50%포인트 인하했다. 사상 처음으로 0%대 금리 시대에 접어들었다. 앞으로 전개될 경제 상황에 따라 다르겠지만, 더 내릴 가능성이 높다. 한국 정부도 100조 원에 이르는 경기 부양

책을 내놓았다. 4인가구 기준으로 100만 원을 지급하기로 했다.

이런 경기 대책으로 올해 하반기 이후에는 미국을 중심으로 세계 경제가 회복 국면에 접어들 것이다. 그러나 근본적 문제를 고려하면 회복 속도는 매우 느릴 것이고, 중장기적으로 세계 경제성장률이 낮은 수준에 머물 가능성이 높다. 우선 세계 경제 체질이 많이 떨어져 있기 때문이다. 2008년 미국에서 시작한 금융위기를 극복하기 위해서 각국 정책 당국이 과감한 재정 및 통화 정책으로 대응했다. 그 결과, 수요가 늘면서 세계 경제는 2010~2019년 사이에 연평균 3.7% 성장했다. 그 이전 10년 평균 성장률인 4.0%에는 미치지 못했지만, 금융위기를 극복한 것은 부인할 수 없는 사실이다.

세계 경제 체질 약화로 정책 효과 크지 않을 듯

그러나 성장 과정에서 부채가 빠른 속도로 증가했다. 국제통화기금IMF에 따르면 2008년 152조 달러였던 세계 부채가 2019년 2분기에는 250조 달러로 급증했다. 같은 기간 GDP 대비 부채는 262%에서 323%로 늘었다. 각 경제 주체도 부실해졌다. 2008년과 2019년 사이에 선진국 정부 부채가 GDP에서 차지하는 비중이 73%에서 99%로 증가했다. 신흥시장에서는 기업 부채가 GDP의 56%에서 96%로 높아졌다. 특히 중국의 기업 부채는 2008년 GDP의 98%에서 2016년에는 161%(2019년 3분기 150%)로 급증했다. 한국 등 일부 국가에서는 가계 부채가 크게 늘었다. 세계 경제가 부채에 의해 성장했는데, 그 한계에 도달한 것이다.

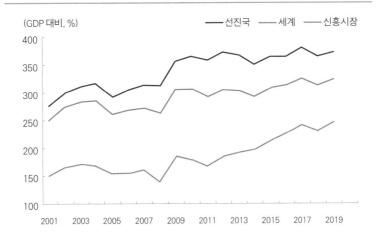

자료: IMF

다음으로 저금리와 양적완화에 따른 풍부한 유동성으로 자산 가격에 거품이 발생했다. 대표적으로 미국의 주가이다. 필자가 미국의 산업생산, 소매판매, 고용 등 경제지표로 평가해보면 미국 주가지수(S&P500 기준)가 2019년 12월에 25% 정도 과대평가된 것으로 보인다. 3월 들어서 그 거품이 붕괴되었지만, 미국 경제가 지난 2월을 정점으로 수축 국면에 접어들었을 가능성이 높은 만큼 주식시장의 빠른 회복을 기대하기 어렵다. 조만간 주택 가격이 떨어지면서 소비 심리를 더 위축시킬 가능성이 높다.

마지막으로 전 세계적인 수요 부족 현상이다. 몇 년 전 맥킨지는 '부모보다 가난한 자식 세대'라는 제목으로 보고서를 낸 적이 있었다. 맥킨지가 25개 선진국을 대상으로 조사해보았더니, 대부분 국가에서

2014년 가계의 실질 소득이 10년 전보다 줄었거나 정체되었다는 것이다. 그 원인을 2008년 글로벌 금융위기 이후 경기 침체나 국민소득에서 노동 몫의 감소와 인구 고령화로 지적했다. 맥킨지는 앞으로 10년도 기계와 로봇이 일자리를 대체하면서 가계 소득이 더 줄어들 것으로 내다봤다. 가계 소득이 늘어나지 않은 만큼 세계 경제가 수요 부족으로 저성장을 겪을 가능성이 높다는 이야기이다.

이런 글로벌 경제 상황을 고려하면 글로벌 경제 각 부문(특히 기업)에서 구조조정이 있어야 했다. 그러나 코로나19 사태는 단기적으로 세계 경제 침체의 폭을 더 깊게 하고, 각국 정책 당국에 수요 부양책을 더 내놓게 강요하고 있다. 최근 로버트 배로 교수 등이 쓴 '1918~1920년 스페인독감이 세계 경제에 어떤 영향을 주었는가'를 분석한 자료[*]를 보면 현재 정책 당국의 대응에 많은 시사점을 주고 있다. 이 보고서에 따르면 당시 분석 대상인 43개국에서 인구의 2%(3,900만 명)가 사망했다. 현재 인구로 따지면 약 1억 5,000만 명에 해당한다. 인구 2% 사망 등 스페인독감으로 3년간 1인당 실질 GDP가 6%, 소비가 8% 감소했다. 실질 주가 상승률도 26%포인트 떨어졌다. 스페인독감이 1918년 봄에 발생했는데, 그해 9월에서 1919년 1월 사이에 사망자가 가장 많았고, 그 뒤 1920년 6월까지 지속되었다고 한다.

코로나19가 진정된다면, 각국의 적극적 통화 및 재정 정책 효과가

---

[*] Robert J. Barro, José F. Ursúa, Joanna Weng, "The Coronavirus and the Great Influenza Pandemic: Lessons from the 'Spanish Flu' for the Coronavirus's Potential Effects on Mortality and Economic Activity", NBER Working Paper, March 2020.

▶ 그림 2. 세계 경제, 미중 중심으로 침체 국면 진입

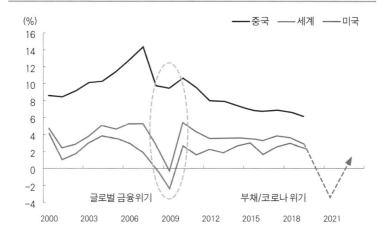

자료: IMF

나타나면서 주가나 경제지표는 'V'자 반등을 할 것이다. 그러나 그다음이 문제다. 부채에 의한 성장이 한계에 도달했는데, 코로나19 사태로 각 경제 주체의 부채가 더 늘고 있기 때문이다. 통화 정책으로 경기를 부양하는 데는 한계에 도달했고, 마지막 보류인 정부마저 부실해져가고 있다. 미래의 어느 시점에 혹독한 구조조정이 대기하고 있다고 예견할 수 있다.

미국 경제, 경착륙 진행 중

2019년에 주요국 경제성장률이 둔화되었는데, 미국 경제만 확장 국면을 이어왔다. 그러나 코로나19 영향으로 2020년 미국 경제는 경착륙 가능성이 높아졌다.

우선 경기 순환 측면에서 미국 경제는 2009년 6월을 경기 저점으로 2020년 2월까지 128개월 확장 국면을 이어왔다. 1990년 이후 미국 경제는 22번의 경기 순환을 거쳤는데, 이전의 가장 긴 확장 국면은 정보통신혁명이 진행되었던 1990년 3월에서 2001년 3월까지 120개월이었다. 2009년 6월에 시작된 경기 확장 국면이 역사상 최장기로 기록될 것이다.

그러나 코로나 영향으로 고용부터 크게 감소하기 시작했다. 2020년 3~4월 비농업 부문의 일자리가 2,137만 개 줄었다. 그 이전 10년간 2,274만 개 늘었는데, 10년 동안 증가한 일자리가 두 달 사이에 사라져버린 것이다. 5월 들어서도 2주간 신규 실업수당 청구 건수가 616만 건으로 매우 높은 수준을 유지하고 있다. 골드만삭스는 이번 경기 침체 국면에서 실업률이 25%까지 올라갈 것으로 전망하고 있다.

소비 중심으로 경제성장률 큰 폭 마이너스 전망

이와 더불어 소비 심리도 크게 위축되고 있다. 소비는 미국 국내총생산GDP의 70%를 차지하고 있다. 소비 지출 내용을 보면 2019년 기준으로 내구재 11%, 비내구재 20%, 서비스 69%로 구성되어 있다. 코로나19의 영향으로 서비스 소비 지출이 가장 크게 줄어들면서 2020년 미국 GDP가 큰 폭으로 감소할 가능성이 높다. 블룸버그 컨센서스(2020.4.13.)에 따르면 올해 미국 경제는 마이너스 3.0% 성장해, 금융위기가 절정을 이뤘던 2009년(-2.5%)보다 경기 침체 폭이 더 커질 것으로 전망되고 있다.

필자가 가진 모델로 미국 경기 침체 확률을 추정해보면 2020년 3월 현재 72% 정도이고, 4월이면 100%에 이를 전망이다[참고로 미국의 기준 순환일(경기 정점과 저점이 발생한 구체적 월)은 전미경제연구소NBER에서 발표하는데, 상당 기간 시차를 두었다. 예를 들면, 바로 직전의 경기 정점이 2007년 12월이었는데, 실제 발표는 1년이 늦은 2008년 12월이었다].

1900년 이후 22번의 경기 순환에서 평균 경기 수축 기간은 15개월(6~43개월)이었다. 이번 경기 침체가 얼마나 더 오래 지속될 것인가는

▶ 표 1. 미국의 주요 경제지표 전망(컨센서스)

(단위: %)

	2018	2019	2020	2021
GDP성장률	2.9	2.3	-3.0	3.4
소비자물가	2.5	1.8	1.2	1.9
실업률	3.9	3.7	7.5	6.4
경상수지/경상GDP	-2.4	-2.3	-2.2	-2.4
재정수지/경상GDP	-4.2	-4.7	-11.6	-8.5
기준금리(말)	2.50	1.75	0.30	0.50
국채수익률(10년, 말)	2.69	1.92	0.99	1.44

자료: 블룸버그(2020.4.14.)

▶ 그림 3. 미국 경기 침체 확률

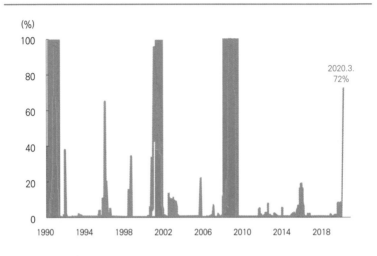

전적으로 코로나19의 전개 방향에 달려 있을 것이다. 2020년 여름 이후 코로나19 사태가 진정된다면, 단기적으로 급락했던 경제지표가 'V'형 반등을 보일 것이다. 그러나 코로나19가 1918년 봄에 발생했던 스페인독감의 패턴을 재현(1918년 가을에서 1919년 초에 급격하게 확산)한다면, 경제 충격은 더 깊고 오래갈 것이다.

코로나19 경제위기, 금융위기와 대공황의 중간 정도

일부에서는 코로나19 충격을 2008년 금융위기나 1930년 대공황에 비유하기도 한다. 대표적 경제지표 가운데 하나인 산업생산 기준으로 보면 2008년 금융위기 때는 산업생산지수가 18개월에 걸쳐 17%

감소했다. 대공황 때는 35개월 동안 53%나 줄었다. 그 후 산업생산이
위기 전 수준으로 되돌아오는 데 금융위기는 때는 78개월, 대공황 때
는 88개월 걸렸다.

이번 코로나19 위기가 산업생산에 미칠 영향은 2008년 금융위기
와 미국 대공황의 중간쯤에 위치할 가능성이 높다. 2008년 금융위기
는 부동산 가격 거품 붕괴로 일부 금융회사들이 파산하면서 각 경제
주체의 심리를 크게 악화시켰다. 그러나 지원 대상이 몇 개의 금융회
사 등으로 명확했기 때문에 발 빠른 정책 대응을 할 수 있었다. 연방
준비제도(연준)는 연방기금금리를 위기 전후에 5.25%에서 0%로 내렸
고, 3차례에 걸친 양적완화로 3조 달러 이상의 돈을 시장에 공급했다.

▶ **그림 4. 1930년 대공황, 2008년 금융위기 이후 산업생산 추이**

자료: Federal Reserve Economic Data

2007년 GDP 대비 연방정부의 부채가 64%였으나, 2009년에는 107%에 이를 정도로 재정 정책도 적극적이었다.

이번에도 연준은 연방기금금리를 다시 0%로 인하했고, 3월 한 달 사이에 거의 2조 달러에 이르는 양적완화를 단행하고 있다. 그러나 이런 정책이 소비와 투자에 미치는 영향은 이전처럼 크지 않을 것이다. 2019년 가계 부채가 GDP에서 차지하는 비중이 76%로 장기 평균(1980년 이후 71%)보다 높은 상태이고, 기업 부채는 GDP 대비 130%로 2007년(106%)보다 훨씬 높아졌다.

또한 2008년 글로벌 금융위기는 수요 측면에서 위기였기 때문에 재정 및 통화 정책으로 수요를 부양해서 해결할 수 있었다. 그러나 코로나 위기는 수요뿐만 아니라 일부 공급망이 붕괴된 공급 측면에서 위기이기도 하다. 앞으로 발표될 산업생산 데이터가 보여주겠지만, 산업생산지수 하락 속도가 2008년 금융위기 때보다 더 빠르고 회복 속도는 느릴 가능성이 높다. 그러나 미국 정부나 연준이 전례 없는 통화 정책으로 대응하고 있기 때문에 1930년대 대공황 같은 상황은 전개되지 않을 것이다.

미국 주가, 거품이 붕괴되는 과정 전개될 것

필자는 지난해 이후 미국 주식시장에 거품이 발생했기 때문에 그것이 해소될 수밖에 없다는 주장을 해왔다. 미국의 산업생산, 소매판매, 비농업 부문 고용으로 주가(S&P500)를 평가해보면 2019년 말 현재 주가가 경기를 25% 정도 앞서갔다. 그러나 2020년 2월 중순 이후 주가

▶ 그림 5. 주가 과대평가 해소 국면 전개

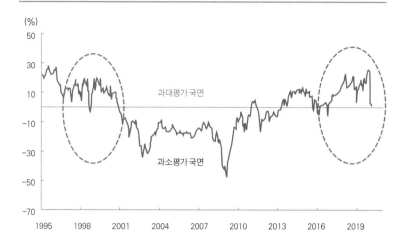

주: S&P500을 산업생산, 소매판매, 고용으로 추정하고 잔차를 구한 것임

▶ 그림 6. 미국 주가와 경기 순환 비교

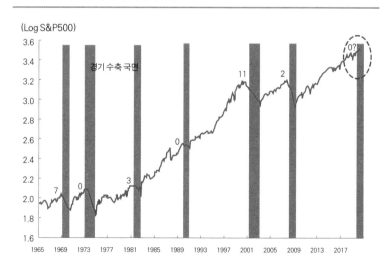

주: 그림의 수치는 주가 정점이 경기 정점에 선행한 개월
자료: NBER, 블룸버그

가 급락하면서 3월에는 주가의 과대평가 국면이 거의 해소되었다.

그러나 주가와 경기의 관계를 고려하면 앞으로도 1년 정도는 주가가 경기를 저평가하는 국면에 있을 전망이다. 2020년 2월을 정점으로 주가와 경기가 정점을 치고 하락(침체) 국면에 접어든 것으로 추정된다. 앞서 살펴본 것처럼 과거 평균 경기 수축 국면이 15개월이었고, 이번 코로나19 충격이 수요와 공급 측면에서 경제에 영향을 줄 것이기에 경기 침체 폭도 커질 가능성이 높다. 1969년 이후의 통계로 보면 경기 정점 이후 S&P500이 평균 11개월에 걸쳐 23% 하락했다. 특히 2007년 12월 경기 정점 이후 주가는 17개월 동안 49%나 폭락했다.

▶ 그림 7. 1930년 대공황, 2008년 금융위기 이후 다우지수 추이

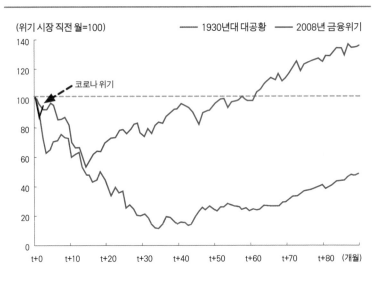

주: 2020년 4월은 10일 기준
자료: 블룸버그

참고로 2008년 금융위기, 1930년 대공황 때의 다우지수 추이는 [그림 7]과 같다. 4월 들어 주가가 반등하고 있지만, 경기 정점 이후 1개월만 고려하면 2020년 3월에 다우지수가 23%나 떨어져 하락률이 가장 컸다.

미국 주가는 장기적으로 상승해왔기 때문에 주식을 싸게 살 수 있는 기회를 제공해주겠지만, 그 이전에 진통의 기간이 필요하다.

중국 경제, 안정성장 국면으로 가는 과정에서 진통

코로나19로 중국 경제가 경착륙하고 있다. 그러나 멀리 내다보면 중국 경제는 안정성장 국면에 접어들 것이고, 금융시장 개방도 비교적 빠른 속도로 진행되고 있다.

우선, 코로나19 사태 이후 중국의 생산과 소비 활동이 전례가 없을 정도로 급격하게 위축되고 있다. 1~2월 산업생산이 전년 동기에 비해 13.5%나 줄었고, 소매판매도 마이너스 20.5%로 감소 폭이 컸다. 그동안 경제성장을 주도했던 고정 투자는 24.5%나 줄어들어 경착륙하는 모습을 보여주었다. 2분기 이후 경제활동이 다소 개선된다 하더라도 올해 중국 경제성장률은 3% 안팎에 그쳐, 1990년(3.9%) 이후 가장 낮은 성장률을 기록할 전망이다.

▶ 표 2. 중국의 주요 경제지표 전망

(단위: %)

	2018	2019	2020	2021
GDP성장률	6.6	6.1	3.0	6.5
소비자물가	2.1	2.8	3.3	2.1
실업률	3.8	3.6	4.1	4.0
경상수지/경상GDP	0.4	1.2	0.8	0.7
재정수지/경상GDP	−4.1	−4.9	−5.2	−4.6
국채(10년, 말)	3.31	3.14	2.64	2.83
위안/달러	6.88	6.96	7.00	6.90

자료: 블룸버그(2020.4.13)

중국 경제, 투자에서 소비 중심으로 성장

그러나 멀리 내다보면 중국 경제는 이를 계기로 점차 안정성장 국면에 접어들 가능성이 높다. 2008년 미국에서 시작된 금융위기로 2009년 세계 경제가 마이너스 성장(-0.4%)했지만, 중국 경제는 투자 중심으로 2009년 9.4%, 2010년에 10.6%나 성장했다. 하지만 이 과정에서 기업 부채가 크게 늘었다. 2008년 기업 부채가 GDP에서 차지하는 비중이 92%에서 2017년 167%(2019년 3분기에는 150%로 감소)로 급증했다. 이 시기에 증권시장이 활성화하지 못했기 때문에 기업이 직접 금융보다는 주로 은행에서 자금을 빌려(간접금융) 투자했다. 기업 부실이 곧 은행 부실로 이어질 수밖에 없는 이유이다. 부실한 기업과 은행의 구조조정이 지속되는 과정에서 GDP에서 투자 비중이 줄고 경제성장률도 떨어지고 있다.

그러나 중국에는 14억 명이 넘는 소비자가 있다. 2018년 중국의 1인당 국민소득GNI이 9,580달러로 10년 사이에 2.5배 증가했다. 2019년에는 사상 처음으로 1만 달러를 돌파했다. 2018년 민간소비가 GDP에서 차지하는 비중이 39.4%로 2008년(36.1%) 이후로 꾸준히 증가하고 있다. 중국의 소비 비중이 지속적으로 늘면서 투자 비중 감소에 따른 경제성장률 하락 효과를 어느 정도 상쇄해줄 것이다.

생산 측면에서 GDP도 변하고 있다. 중국 경제는 2차 산업(제조업과 건설업) 중심으로 고성장을 했다. 그러나 산업 구조도 서비스업 중심으로 변모하고 있다. 2차 산업이 GDP에서 차지하는 비중이 2000년 45.5%였으나 2018년에는 40.7%로 낮아진 반면에 3차 산업 비중은

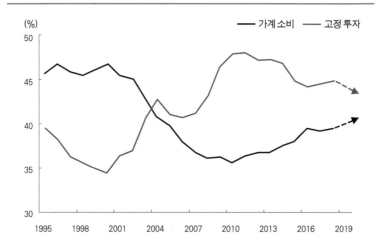

주: 명목가격 기준
자료: 중국인민공화국국가통계국

같은 기간에 39.8%에서 52.2%로 크게 증가했다.

중국의 금융시장 개방 가속화

중국의 금융시장에도 큰 변화가 일고 있다. 중국 기업들이 주로 금융회사를 통해서 자금을 조달했으나, 2010년 이후에는 주식과 채권을 통한 자금 조달이 크게 증가하고 있다. 1998년 GDP의 102%였던 은행 대출이 2018년 135%로 느는 동안, 채권시장 규모는 GDP의 21%에서 93%로, 주식시장 규모는 22%에서 57%로 훨씬 더 빠르게 증가했다. 기업의 자금 조달 패턴이 간접금융에서 직접금융으로 변하면서 기업 부실이 은행 부실로 이어지는 고리가 점차 약해지고 있다.

한편 미중 무역전쟁은 중국의 금융시장 개방을 가속화하는 계기를

	금융시장 개방 내용
2019년	-은행업, 신용평가사 외자지분 제한 완전 폐지 (외자지분율 51%에서 100%로) -글로벌 주식/채권지수 편입(MSCI지수 등) 외
2020년	-생명보험사, 펀드운용사 외자지분 제한 완전 폐지 -증권사 외자지분 제한 완전 폐지 (2020년 12월 계획했으나 4월로 앞당겨 실시)

마련하고 있다. 2019년 중국은 은행업과 신용평가회사의 외국인 지분을 완전 폐지했고, 2020년에는 생명보험사, 자산운용사, 증권사에 대한 외자 제한을 전부 제거했다. 이에 따라 세계 유수의 금융사들이 이미 중국에 진출했거나 진입할 계획을 세우고 있다. 특히 미국의 금융회사들이 앞장서고 있다. 2001년 중국이 세계무역기구WTO에 가입한 이후, 2019년까지 미국의 대중 무역적자는 5조 1,447억 달러였다. 미국은 중국보다 훨씬 경쟁력이 높은 금융서비스업으로 이 돈을 되돌려 받으려 할 것이다.

크게 보면 코로나바이러스는 중국의 경제의 구조조정 과정에서 진통을 더해주고 있다. 그러나 경제위기 이후 중국의 경제 체질이 강해질 것이고, 증권시장도 빠르게 성장할 것이다. 한국은 1997년 외환위기 때 구조조정을 했고, 그 이후 경제가 안정성장 국면에 접어들면서 주가가 각 업종의 1등주를 중심으로 큰 폭 상승했다. 2020년 현재 중국이 그 상황 초기에 있다. 중국 내수 1등주 투자를 통해 금융으로 우리 국부를 늘릴 수 있는 기회가 다가오고 있는 것으로 보인다.

한국 경제와 주가 전망:
주가 명목 GDP 과소평가 국면

코로나19가 전 세계적으로 확산되면서 주요국의 경제지표와 주가가 급락하고 있는 가운데, 한국 경제와 주식시장도 유사한 충격을 받고 있다. 특히 주가가 명목 GDP를 지나칠 정도로 과소평가하고 있다.

경제 심리 급격하게 위축

우선 코로나19 충격이 소비와 투자 심리의 급격한 위축으로 나타나고 있다. 한국은행에서 작성하는 3월 소비자심리지수가 78.4로 전월보다 18.5포인트 떨어졌을 뿐만 아니라, 미국에서 시작된 글로벌 금융위기가 전 세계로 확산되었던 2009년 3월(72.8) 이후 최저치까지 떨어졌다. 또한 3월 제조업 기업실사지수도 56으로 역시 2009년 3월 이후 가장 낮았다. 특히 비제조업 실사지수는 53으로 이 지수를 작성한 2003년 이후 최저치를 기록해, 서비스업 경기의 극심한 침체를 반영하고 있다.

현재의 경기 상태를 대표적으로 보여주는 통계청의 동행지수순환변동치가 지난해 하반기부터 상승세를 유지하면서 경기 회복 기대를 갖게 했으나, 올해 2월에는 하락했다. 코로나19 사태를 본격적으로 반영할 3월 이후에는 각종 경제지표의 감소 폭이 더 확대될 것이다. 2020년 한국의 경제성장률은 0% 안팎에 그쳐 외환위기를 겪었던 1998년(-5.1%) 이후 가장 낮은 수준을 기록할 전망이다.

자료: 통계청, 한국은행

주가, 명목 GDP를 과소평가

이런 경제 상황을 고려해도 주가는 지나치게 저평가된 것으로 판단된다. 장기적으로 주가는 명목 국내총생산GDP 이상으로 오른다. 명목 GDP 성장률은 실질 GDP 성장률과 물가(GDP디플레이터) 상승률의 합이다. 주식 투자자 입장에서는 주가 수익률이 명목 GDP 성장률 이상으로 높아야 투자를 하게 된다. 실제로 1981~2019년 통계를 보면 명목 GDP 성장률은 분기 평균 10.6%였고, 코스피 상승률은 12.9%였다. 주가 상승률과 명목 GDP 성장률 차이인 2.3%포인트가 주식 투자에 따른 위험프리미엄이라 할 수 있다. 2000년 이후에는 명목 GDP 성장률과 코스피 상승률이 각각 6.1%와 7.6%로 낮아졌지만, 여전히 주가는 GDP 성장 이상으로 올랐다는 것을 알 수 있다.

이런 기준에 따라 2000~2019년 코스피를 종속변수로 명목 GDP 를 설명변수로 설정하고 회귀식을 추정해보았다. 이에 따르면 3월 말 현재 적정 코스피는 2,390 정도이다. 실제 코스피가 1,755였음을 고려 하면 주가가 명목 GDP를 27% 저평가하고 있는 셈이다. 물론 실제 주 가는 그림에서 보는 것처럼 당시 경제 상황에 따라 적정 주가를 웃돌기 도 하고 밑돌기도 한다. 2018년 2분기부터 주가가 적정 수준 이하로 떨 어졌고, 2020년 1분기 현재 저평가 정도가 2008년 글로벌 금융위기 때(2008년 4분기 -19%)보다 더 심각하다.

현재 진행되고 있는 경기 상황을 고려하면 2020년 2분기 이후에도

▶ 그림 10. 명목 GDP로 본 적정 주가와 실제 주가

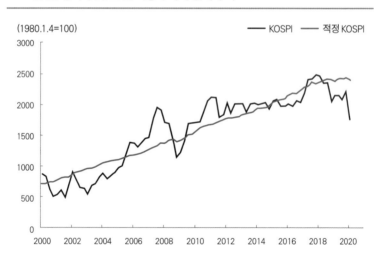

주: 적정 KOSPI는 필자가 명목 GDP로 추정한 것임
자료: 한국거래소

주가는 적정 수준을 밑돌거나 저평가 정도가 확대될 수도 있다. 그러나 주가는 장기적으로 명목 GDP로 추산한 적정 주가에 접근하거나 때로는 그를 앞질러 가기도 한다. 코로나19가 진정될 조짐이 나타난다면 그 시기나 속도가 빨라질 수 있다. 인내가 필요하겠지만, 주식시장의 복원력을 기대해보면서 장기 투자를 해야 할 시기이다.

"투키디데스의 함정을 피하려면 생각하기 힘든 것을
기꺼이 생각할 줄 알아야 하며 상상하기 힘든 것을
기꺼이 상상할 줄 알아야 한다."

– 그레이엄 앨리슨Graham Allison,《예정된 전쟁》

김영익

서강대학교 경제대학원 교수. 한국금융연수원 겸임교수 및 LG하우시스 사외
이사로도 활동하고 있다. 자신만의 '주가예고지표'를 바탕으로 지난 9·11 테러
직전의 주가 폭락과 그 후의 반등, 2004년 5월의 주가 하락과 2005년 주가
상승 등을 맞춰 일약 '족집게' 애널리스트로 떠올랐다. 2014년 5월, 중국에서
시작되는 두 번째 금융위기를 경고한《3년 후 미래》를 출간했는데 1년 후 이것
이 그대로 적중하여 다시 한 번 세간의 찬사를 자아냈다. 신문과 방송 등 각종
미디어를 통해 어렵고 복잡한 경제이론과 시장의 상황을 자신만의 철학으로
쉽고 명쾌하게 풀어내고 있다.
서강대학교 경제대학원에서 석사와 박사 학위를 받았으며, 1988년 대신증권
에 입사해 대신증권과 하나대투증권에서 리서치센터장을 역임했고 하나금융
경영연구소 소장을 거쳤다. 5년 연속〈매경이코노미〉〈한경비즈니스〉〈서울경
제신문〉〈조선일보 &FN가이드〉〈헤럴드경제〉 등 주요 언론사 베스트 애널리
스트에 선정된 바 있다. 주요 저서로는《2020–2022 앞으로 3년, 투자의 미
래》《위험한 미래》《3년 후 미래》《경제지표 정독법》《이기는 기업과 함께 가
라》 등이 있다.

개인투자자가 반드시 알아야 할 7가지 ETF 성공 투자 원칙

글·강흥보(에이앤알 리서치센터장)

그동안 다양한 매체를 통해 개인투자자들에게 ETF 투자의 필요성을 여러 차례 강조해왔다. 예측하기 힘든 시장에서 개인투자자들이 장기적으로 안정적 수익을 낼 수 있는 금융상품은 ETF뿐이기 때문이다. 더욱이 지금과 같은 초유의 글로벌 경제위기 속에서 ETF의 위력을 실감하고 있는 투자자들이 더러 있을 것이다. 하지만 의미 있는 수익을 내기 위해서는 반드시 전략적 계좌 관리가 필요하다. 어떻게 하면 ETF로 성공적인 투자를 할 수 있느냐고 묻는 사람들에게 그동안 필자가 제안해왔던 투자의 정석을 한곳에 정리하였다.

#ETF 투자 원칙 #시장 사이클 #투자 진입 시기
#계좌 관리 #전략적 분할 매수

금융 100년사 중 가장 위대한 금융상품 'ETF'

　여러분은 '상장지수펀드ETF'를 어떤 계기로 알게 되었는가? 무슨 계기가 되었든 ETF를 알고 있다는 것은 투자자에게 큰 기회의 시작이라고 말하고 싶다. 필자는 2010년 처음 ETF를 알게 되었다. ETF라는 금융상품이 시장에 있다는 것에 큰 감사를 느꼈던 기억이 난다. 선물옵션 투자 전문가로 활동하던 시절, 만기와 증거금이 없는 투자상품이 있으면 좋겠다고 늘 생각했기 때문에 ETF는 무척 반가운 금융상품이었다. 이 상품을 우리나라 금융시장에 소개하는 데에 큰 기여를 하신 삼성자산운용 배재규 부사장님께 깊은 감사의 마음을 전한다. ETF

상품을 처음 한국거래소에 상장시키기 위해 금융감독원과 한국거래소를 1년 반 동안 설명하고 설득하는 과정이 필요했다고 한다.

왜 ETF로 투자해야 하느냐고 묻는다면

금융 100년 역사 가운데 가장 위대한 금융상품이 ETF일 수밖에 없는 이유는 ETF가 만기와 증거금이 없는 투자상품이라는 데에 있다. 만기와 증거금이 있는 선물옵션과 같은 파생상품의 경우, 증시가 급락하면 단기간에 투자 원금 전부나 원금을 초과한 손실이 발생할 수 있다. 계좌 잔고가 유지증거금에 못 미치면 반대 매매로 강제 청산되기도 한다. 반면 증권사는 높은 수익을 챙길 수 있다. 거래수수료가 주식 등에 비해 비싼 데다 공매도를 할 경우에는 수수료가 추가된다. 개인투자자에게는 부담스러울 수밖에 없다.

개인투자자는 스스로 시장의 방향성을 예측한 뒤 투자한다고 하지만 대부분 성공보다는 실패에 가까운 결과를 얻는다. 주식시장에서 눈물을 흘린 것은 언제나 개미였다. 개인투자자는 주식 투자에서 낙제 수준의 성적표를 받아든 반면, 기관과 외국인은 비교적 높은 수익을 거뒀다.

국내 한 경제지가 투자 주체별 순매수 상위 20개 종목을 산출해 2014년부터 2018년까지 5년간 주식 투자 수익률을 분석한 결과를 살펴보면, 개인은 평균 -8% 손실을 기록한 것으로 집계됐다. 반면 기관과 외국인은 각각 21%, 16%의 수익을 거뒀다.* 단순 계산하면 개인, 기관, 외국인이 5년 전에 100억 원을 주식에 투자했다면 개인의 잔고는 92억 원으로 줄어든 반면, 기관과 외국인은 121억 원, 116억 원으로 불어났다는 의미다.

개인은 2015년(8%)과 2017년(13%)을 제외하고 2014년(-16%), 2016년(-27%), 2018년(-18%) 모두 손실을 기록했다. 반면 기관과 외국인은 2018년을 제외하고 모두 순수익을 거뒀다. 투자 주체별 순매수 상위 20개 종목에 대한 투자금액은 비슷했다. 개인은 매년 평균 8조 9,618억 원, 기관과 외국인은 각각 8조 5,134억 원, 11조 5,968억 원 어치를 사들인 것으로 조사됐다. 다만 장바구니에 담은 종목은 상이했다.

개미의 주식수익률이 당해 연도 코스피 수익률을 상회한 경우는 2015년 한 번에 불과하다. 기관과 외국인이 손실을 기록한 해는 미중 무역분쟁으로 국내 주식시장이 부진을 겪었던 2018년이 유일하다. 특별한 재능을 가지고 있는 몇몇 투자자를 제외하고 개인투자자가 투자할 때 시장의 방향성을 예측하고 수익을 확보하겠다는 발상은 어쩌면 상식적이지 않다. 현실적으로 시장이 투자자의 기대대로 움직일 확률이 매우 적다는 것을 시장에 참여한 많은 투자자들은 경험적으로 인정한다. 물론 한두 번 또는, 운이 좋아 여러 번 방향성을 맞추기도 하지만 그렇다고 해서 그것이 투자하는 기간 동안 계속될 수 없다는 것은 누

---

* "5년 주식 투자 성적표..개인 '-8%', 기관 '+21%'", 《이투데이》, 2019.03.18

구나 공감한다.

2013년 노벨 경제학상을 수상한 시카고 대학교 유진 파마_{Eugene}
_{Fama} 금융학 교수는 "펀드매니저는 시장을 이길 수 없다. 시장이 효율
적이라면 주식 시세의 움직임은 무작위적이기 때문에 현재 알려진 정
보를 모두 아는 매니저라도 미래의 주식 가격을 예측할 수 없기 때문
이다"라고 말했다. 이 말은 아무리 노력해도 시장을 예측해서 맞출 수
없으니 단념하라는 말과 같다. 투자는 예측의 영역이 아니다. 시장을
예측해서 수익을 기대한다는 것은 상식적이지 않고 비논리적이니 다
른 구조적인 접근으로 투자에 임해야 한다.

하지만 ETF는 만기와 증거금이 없고 간단한 구조 덕분에 개인투자
자가 투자 원칙만 잘 세운다면, 잃지 않고 꾸준히 수익을 낼 수 있는 금
융상품이다. 그렇다면 우리는 ETF 투자를 할 때 어떻게 전략을 짜고
투자를 실천하여 장기적으로 꾸준한 수익을 낼 수 있을까. 평소 개인
투자자로부터 ETF로 수익을 내고 싶은데 어떻게 해야 하느냐는 질문
을 많이 받는다. 매번 필자가 강조하는 말을 정리해 '개인투자자를 위
한 7가지 ETF 성공 투자 원칙'으로 요약했다.

1. 시장은 결국 우상향 한다

ETF 상품 중에 대표적인 상품은 지수 ETF 종목이다. 이 종목은 코
스피, 코스닥, S&P500, 상해종합지수와 같은 시장 지수를 추적하는
데, 개인투자자는 이 지수 ETF에 먼저 집중하는 것이 바람직하다.

시장은 대략 10년에 한 번씩 큰 변곡을 지난다. 그리고 대략 3년 주

"시장이 효율적이라면 주식 시세의 움직임은
무작위적이기 때문에 현재 알려진 정보를
모두 아는 매니저라도 미래의 주식 가격을
예측할 수 없다."

-유진 파마 Eugene Fama 시카고 대학교 교수

기의 경기 사이클을 겪는다. 딱 부러지게 3년에 한 번씩 상승, 횡보, 하락 순으로 시장이 움직이는 것은 아니지만, 개인투자자는 ETF 투자를 하면서 시장 사이클을 염두에 두어야 한다.

2020년 상반기에 전 세계는 코로나19 바이러스 확산으로 인해 수요와 공급이 동시에 막히는 경제 상황을 겪었다. 현재도 그 후폭풍으로 심각한 경제적 타격을 입고 있다. 2월 초까지만 해도 꺾이지 않고 영원히 상승 추세를 이어갈 것 같았던 미국 지수도 고점 대비 30% 이상 급락했다. 미국뿐 아니라 전 세계 증시가 패닉 상태에 빠져 큰 하락 추세를 이어갔다. 물론 중간중간에 기술적 반등으로 인한 상승 모습을 보여주기도 했다.

개인투자자는 다음의 시장 추세를 예상하며 ETF 투자에 임하는 것이 좋다. 10년 만에 큰 하락을 겪었다면, '앞으로 3년 이내에 상승, 횡보, 하락 세 가지 중 하나의 경우의 수가 나올 수 있겠구나'라고 생각해야 한다. 그다음에는, 크게 하락을 했으니 현 시점에서 추가 하락, 횡보, 상승이라는 경우의 수를 고려해 무조건 이기는 전략을 세워보는 것이다. 예를 들어 추가 하락을 염두에 두더라도 '횡보 후 상승'의 가능성이 매우 높을 것이라는 시나리오를 세울 수 있다.

시장에는 10년 주기의 큰 사이클이 있고 3년 주기의 경기 사이클이 있다는 점, 사이클에 따라 시장은 상승, 횡보, 하락을 한다는 점 등을 알고 여기에 맞추어 지수 ETF 투자를 시작하면 된다.

ETF가 '결코 잃지 않는 금융상품'이라는 말은 '시장은 결국 우상향 한다'는 사실에 기반 하고 있다. 지금까지 지수의 흐름을 보아도, 다우 지수는 2009년 10월 6469.95포인트에서 2020년 2월 2만 9551.42포인트까지 상승했다. 우리나라 코스피 지수도 300 이하에서 2018년 1월 2607.10까지 상승했으며, 앞으로 우리 증시도 1만 포인트, 2만 포인트를 넘어서게 될 것이다.

2. 수익은 시장이 준다

장기적으로 볼 때 어떤 시기에 투자를 시작하는지는 매우 중요하다. A는 고점에서, B는 중간 지점에서, C는 저점에서 투자를 시작했다고 해보자. A는 투자가 너무 어렵다고 생각할 것이고, B는 공부만 하면 수익을 낼 수 있겠다고 여길 것이며, C는 투자가 너무 쉽다고 생각할 것이다. 이것은 A, B, C의 투자 실력과 상관없다. '시장이 수익을 줄 때 투자한다'는 원칙은 이기는 투자를 위해 가장 기본적으로 체크해야 할 요소다.

많은 개인투자자들은 가까운 지인들이 수익이 났다고 하면 그때 투자에 참여한다. 이것은 시작부터 지는 게임이라는 것을 전제로 투자를 시작하는 것이다. 투자자는 내 투자의 시작점이 시장에서 어느 지점에 있는지를 알아야 하고, 내가 왜 투자를 시작했는지 잊지 말아야 한다.

아무리 좋은 종목과 투자 전략을 가지고 있거나 투자 공부를 많이 하고 자산 배분을 현명하게 해놓았더라도, 시장 흐름이 반대로 간다면 수익을 낼 수 없다. 투자 성과는 시장의 흐름에 따라 결정된다. 그래서 시장이 어떤 요소로 움직이는지를 이해하는 것은 매우 중요하다.

필자의 경우에는 시장 흐름을 읽기 위해 거시적 경제 이슈 점검부터 원유WTI 가격의 현 위치, 원/달러, 중국 위안화, 일본 엔화 등 중장기 환율 움직임, 미국의 실업급여 청구 건수를 먼저 살펴본다. 데일리 리딩을 위해서는 좀 더 상세하게 여러 지표와 차트를 분석하는데, 대표적으로 미국 시장의 S&P500 지수, 시가총액 상위 종목인 애플·아마존의 주가, 우리나라 시장에서는 삼성전자·SK하이닉스의 주가 변화에 주목한다.

시장 흐름을 파악하기 위해 필자가 '기술적 분석'을 활용하는 이유는 차트에는 시장에 참여한 투자자들의 투심과 전략, 예측이 모두 녹아 있기 때문이다. 랜덤 워크 이론의 창시자인 버튼 고든 말킬Burton Gordon Malkiel은 "증시는 수백만 개의 사고방식이 만든 생명체와 같다. 현재 주가 수준은 현재 상황을 모두 반영하고 있으며 내일의 주가를 예측할 수 없다"라고 했다.

금융시장을 파악하고 시세를 판단하기 위해 사용하는 여러 방법들이 있다. 이를테면, 기업의 사업성과 영업이익, 순이익 등을 살펴 성장 가능성을 따져보거나, 기업의 재무구조와 순자산, 총 부채 등을 따져 가치를 판단하는 '기본적 분석'이 있다. 그리고 기업의 주식 가격이나 채권 등 금융상품이 체결되는 양상을 관찰해서 투자자들의 투자 심리를 파악하는 '기술적 분석'도 있다.

기업의 사업 내용과 예상 이익을 추정할 수 있고 경기와 주가가 비교적 일관성 있게 움직이는 장기 우상향 국면이나 우하향 국면에 있을 때는 중장기 투자에 기본적 분석을 활용할 수 있다. 반면 10년 혹은 3년 주기로 나타나는 경기 과열 국면이나 경기 침체 국면에 있을 때는 기술적 분석의 유용성이 커진다.

그런 점에서 경기 하락 추세에 접어든 이번 글로벌 금융시장과 같이 변동성이 커지고 시장에 영향을 주는 요인을 예측하기 어려운 시점에서는 기술적 분석 비중을 높일 필요가 있다. 물론 언젠가 또 시장이 안정되고 상황이 달라지겠지만 지금은 분명 기술적 분석 방법이 필요한 시점이다. 기본적 분석 방법은 장기적으로 기업과 자산의 적절한 가치 분석을 제공하는 방법이지만, 그래도 투자는 조금이라도 더 합당한 가격에 매매하는 것이어야 하기 때문이다.

차트는 반복적인 패턴을 보이는 특정한 시장 동향을 반영한다. 충분한 경험이 바탕이 된다면 차트를 사용해 시장의 가격 움직임을 예측하는 능력을 발휘할 수 있다. 차트를 투자 시점을 결정하는 도구로 사용할 수 있는 것이다.

ETF를 고를 때도 섹터의 장기 전망이나 포트폴리오 구성을 먼저 따져봐야겠지만, 막상 그 ETF를 매입하는 시점은 기술적 분석을 통해 판단해야 한다. 그것은 '결국 시장은 심리다'라는 말을 누구도 부정할 수 없기 때문이다.

그렇다면 지금 시장은 앞서 말한 A 고점, B 중간, C 저점 중에 어디에 있을까? 2020년 2분기는 B 중간 지점이라고 말할 수 있다. 3월 큰 폭의 하락 이후 기술적 반등을 보였지만, 시장은 더 깊은 추가 하락이 예상된다. 그렇다면 추가적으로 C 저점은 언제가 될 것인가에 대한 물음이 생긴다. 삼성전자 주가 기준으로 말할 수 있겠다. 4월에 4만~5만 원 구간을 왔다 갔다 했는데, 필자는 삼성전자 주가의 앞자리가 '3'으로 바뀌는 때가 코로나19로 촉발된 하락 사이클의 바닥이 될 것이라고 조심스럽게 내다보고 있다.

거품이 터져 해소되고 과도한 절망이 넘치는 앞으로의 금융시장에서는 논리와 이성이 사라지고 공포와 탐욕이 커질 가능성이 높다. 시장 변동성은 투자 위험을 평가할 때 반드시 고려해야 하는 사항이다. 차트는 시장 변동성을 평가하는 데 도움이 된다. 한치 앞을 내다보기 어려운 2020년은 자산 배분을 잘하면 수익을 얻을 수 있는 시기다. 더욱 체계적으로 원칙을 세워서 투자에 나서야 한다. 수익은 시장이 준다.

3. 시장은 매일 열린다. 일희일비할 필요가 없다

시장에 참여하다 보면 눈앞에 보이는 투자 기회를 놓치는 경우가 있다. 절호의 투자 진입 시기를 놓쳐 안타까워하거나, 리스크 관리 시점을 놓쳐 손실을 입는 경우도 있다. 개인투자자들이 흔히 착각하는 것이 있다. 내가 오늘 투자했는데 오늘 가격이 오르면 앞으로도 계속 오를 것이라는 생각이다. 그러나 시장의 흐름은 신의 영역이다. 아무도 알 수 없다. 그러니 수익을 냈다고 자만하거나 손실을 입었다고 낙담하지 말자. 시장은 매일 열리기 때문이다.

'인생만사人生萬事 새옹지마塞翁之馬'라는 말이 있다. 짧게 정리하자면, "변방에 사는 한 노인이 기르던 말이 도망가는 바람에 여러 날 낙심을 거듭했다. 그러던 어느 날 도망갔던 말이 준마駿馬를 데리고 돌아왔다. 너무나 기뻐 애지중지 키우던 준마를 노인의 아들이 타다가 그만 말에서 떨어져 절름발이가 되었다. 마침 전쟁이 한창인 가운데 그의 젊은

아들은 절름발이로 인해 징병徵兵을 면했다. 하지만 같은 동네 젊은이들은 전장에 나가 대부분 전사戰死하고 말았다"는 고사에서 유래한 말이다. 복이 화가 되고 화가 복이 되는 것처럼 인생의 길흉화복吉凶禍福을 전혀 예측할 수 없다는 의미를 담고 있다.

'투자만사投資萬事 새옹지마塞翁之馬', 투자도 새옹지마다. 시장은 매일 열리기 때문에 오늘 내 투자 종목이 수익권이더라도 내일 더 큰 손실을 낼 수 있고, 앞서 투자해 일시적으로 손실이 나는 것 같더라도 더 큰 수익을 내고 청산할 수도 있다. 투자는 짧은 기간을 정해 시장에 참여하는 것이 아니다. 시장은 매일 열리고 거기에 따른 방향성이 정해진다. 결과를 냉정하게 판단하고 그다음 투자 시기와 기간, 전략을 세우는 것이 중요하다.

이렇게 시장이 매일 열린다는 점에서 장기 투자의 장점도 생각할 수 있다. 그래서 필자는 2010년부터 개인투자자들이 수익 낼 수 있는 단 하나의 금융상품으로 ETF를 알려왔다. 시장은 매일 열리고 장기적으로 우상향하기 때문에 지수를 추종하는 ETF를 보유하면 결국 가치가 높아지기 때문이다. ETF는 개인투자자가 경제 생활을 하는 한 무조건 이길 수밖에 없는 구조를 가지고 있다. 단, 시기가 있다. 앞서 말한 대로 10년에 한 번씩, 3년 사이클로 움직이는 상승, 횡보, 하락 사이클을 잘 따져봐야 한다.

본인이 어떤 일을 하고 있든 각자의 자기 본분에 맞는 생활을 열심히 해온 사람은 3년 정도의 투자 경험을 갖게 되면, '아, 시장은 내가 잘해서 수익을 얻는 것이 아니라, 시장이 수익을 줄 때 얻는 것이 맞다'라는 것을 깨닫는다. 일희일비하지 말고, 시장에 대해 꾸준히 공부하면서 나만의 투자 원칙과 전략을 정립해나가는 것이 중요하다.

시장의 '때'는 누구나 알 수 있는 것이 아니다. 시장이 매일 열린다는 점을 이해하고 있으면 정액정립식 투자, 전략적 분할매수 투자를 할 수 있다. 분할매수를 통해 투자 성공을 할 수 있는 시장의 '때'를 맞춰가는 확률을 높일 수 있다. 그래서 다음의 계좌 관리가 중요하다.

4. 계좌 관리가 답이다

개인투자자들이 먼저 선택할 것은 투자금의 성격을 결정하는 일이다. '종자돈'을 활용하여 투자할 것인가, 아니면 매달 '저축 여력 자금'을 활용하여 투자할 것인가, 또는 종자돈과 매월 저축 여력 자금을 같이 활용하여 투자하는 방식도 생각할 수 있다.

시장에 참여하는 투자자라면 누구나, 예를 들어, 내가 가지고 있는 투자금 100만 원을 모두 투자했을 때 수익이 나면 가장 좋을 것이고, 반대로 투자금 100만 원을 모두 투자했을 때 손실이 나면 가장 나쁠 것이다. 투자금 100만 원 중 50만 원만 투자했을 때 수익이 나면 성취감은 100만 원 모두를 투자했을 때보다 적겠지만, 50만 원만 투자했을 때 시장이 하락하면 손실은 적게 난다. 이것을 '비중 관리'라고 한다.

거듭 얘기했지만, 기본 전제는 '시장은 예측할 수 없다'는 것이다. 투자금 100만 원 중 나머지 50만 원이 남아 있다면, 시장이 오르든 내리든 크게 상관이 없어진다. 우리가 가질 수 있는 손익은 줄어들지만, 그래도 장기적으로 마음 편한 투자를 할 수 있다.

내가 만약 5월 1일에 투자를 해서 15일까지만 투자하겠다고 하면 투자금 100%를 마음껏 투자하면 된다. 그러나 시장에 참여한다는 것은 길게 투자하겠다는 것인데, 계좌 관리를 통해서 마음 편한 투자를 하는 것이 현명하다.

비중 관리에 실패하면 '계좌가 녹는' 경험을 하게 된다. 투자를 처음 시작하는 초보 투자자의 경우 '첫 운빨'이라는 것이 있다. 보통 투자자들이 처음 시장에 참여할 때는 가까운 지인이나 소식통으로부터 수익을 많이 내고 있다는 말을 들을 때이다. 그러면 투자를 처음 시작하자마자 십중팔구 자고 일어나면 수익을 얻을 가능성이 높다. '첫 운빨'이 통한 것이다.

그런데 손실이 발생하면 손실에 대한 리스크 관리에 대해서는 한 번도 생각해본 적이 없기 때문에, 초보 투자자는 리스크 관리나 손절을 하지 않는다. 그냥 기다리면 다시 시장이 회복되는 줄 안다. 물론 워낙 시장 분위기가 좋아서 내 귀에까지 투자 기회가 들어와 시장에 참여했기 때문에 손실이 발생해도 기다리면 결국 수익으로 이어지는 경우도 더러 있다. 그러면 이런 경험이 평생 반복되는 줄 안다.

이렇게 초보 투자자가 수익을 만끽하기도 하지만, 길게 보면 그런 수익 구간은 3개월 이내 시장의 최고점일 가능성이 높다. 그래서 개인투자자들의 투자 상황을 들여다보면 지수의 가장 고점에 평균 매수 단가를 형성하는 경우가 많은 것이다. 필자의 경험상 시장에 참여하는 우리나라 개인투자자 500만 명 중 90%가 이와 똑같은 패턴을 보인다고 생각한다. 이렇게 시장 흐름과 '엇박자'가 나면서 계좌가 녹는 것이다.

계좌가 녹는 또 한 가지 이유는 손실을 봤을 때 '본전 심리'가 작용하기 때문이다. 초보 투자자들은 본전 심리 때문에 '엄마 금융'을 쓰고 '지인 금융'을 쓴다. 남의 돈을 빌려 레버리지를 활용해 본전을 회복하려고 하지만, 반대로 레버리지 때문에 더 빠른 속도로 계좌가 녹는 경우가 90%다.

그럼에도 불구하고 ETF 투자는 투자자가 아직 미숙하고 빠르게 대응하지 못하더라도 수익을 낼 수 있는 금융상품이다. 코로나19의 영향으로 타격을 입은 실물 경제 상황이 금융시장에 반영되고, 또 앞으로 추가적으로 반영될 것으로 보이는 2020년에는 내 투자금의 성격을 정하고 계좌가 녹지 않도록 비중 관리를 하면서, 뒤 장에서 전문가들이 제안하는 자산 배분 전략에 따라 투자할 것을 권한다. 계좌 관리의 첫째는 비중 관리이고, 가장 쉬운 비중 관리 방법은 다음에 얘기할 분할 매수이다.

5. ETF, 첫째도 둘째도 정액적립식 투자

정액적립식 분할 매수는 코스트 에버리지 효과를 가지고 있다. 분할 매수를 한 주에 한 번 매수하는 것과 한 달에 한 번 매수하는 것은 확실히 차이가 있지만, 어느 쪽이 더 리스크를 줄여준다고 단정할 수는 없다. 시사 주간지와 월간지를 읽는 것이 다른 것과 마찬가지이다. 결국 어느 시점의 시장 흐름에 진입하느냐에 따라 달라진다.

일반적으로 분할 매수를 할 때는 월 단위로 하는 것을 가장 많이 추천한다. 펀드도 한 달에 한 번 투자하는 방식을 택하기도 한다. 자신의 투자 접근성, 즉 진입 후에 바로 수익이 나는 것과 손실이 나는 것을 경험한 뒤에 추가 매수를 통해 평균 단가에 대비해 수익률을 따져보고 코스트 에버리지 효과를 직간접적으로 경험해가면서 투자 역량을 키워가는 것이 중요하다.

정액적립식 투자를 활용하면 통장 쪼개기 방식으로 매달 받는 이자를 나시 은행에 저축하는 것보다 10배 정도의 수익을 거둘 수 있다. 직장인은 월급이 오르는 만큼 투자금액을 늘려갈 수 있다. 앞의 종자돈을 포함해서 늘어나는 저축 여력 자금을 다시 분할 투자할 수 있기 때문이다. 3년마다 같은 방식으로 ETF에 투자한 사람과 은행만 쫓아다닌 친구와는 쌓인 부가 달라질 것이다.

수익 실현은 매수 평균 단가와 비교해 수익률 5%에서 청산할지, 10%에서 청산할지 스스로 청산 원칙을 세우면 된다. 분할 매수를 시작해 매달 50만 원씩 투자했다면 평균 단가가 형성된다. 투자를 시작하고 4주 동안 평균 수익률이 목표 수익률인 5%에 다다랐다면 이때 무조건 50%를 청산한다. 4주 동안 100만 원씩 투자했다면 400만 원의 5%인 20만 원 수익이 발생해 평가 금액이 420만 원이 된다. 50%, 즉 투자 원금과 수익을 합한 210만 원을 기계적으로 청산하면 된다. 수익 청산한 210만 원은 CMA 계좌에 저축한다. 수익을 확보한 자금은 CMA에서 계속 불어난다.

이때 목표 수익률은 지난 4주의 저점 대비 고점의 상승률로 산정하는데, 5% 상승했다면 매수 평균 단가 대비 5% 수익이 났을 때 50% 수익을 청산하는 것이다. 50%를 청산하는 것도 또 다른 '비중 관리' 방법이다. 즉 추가 상승 혹은 하락을 염두에 두는 것이다. 이 같은 투자 전략은 하락장에서도 평균 단가를 낮추는 효과가 있기 때문에 펀드매니저나 애널리스트보다 좋은 수익을 얻을 수 있다.

분할 매수 후 50% 청산 전략을 기반으로 기계적인 분할 매수와 청산을 하면 장기적으로 수익이 난다. ETF가 추종하는 지수는 결국 우상향하기 때문이다. 잃지 않는 투자, 안전한 투자인 것이다.

6. 전략적 분할 매수 vs. 물타기

ETF 분할 매수의 투자 수익률은 일, 주, 월 주기와 시장 환경에 따라서 큰 차이가 난다. 투자 전략이 없다면 투자자는 큰 손실을 볼 수도 있다. 시장은 앞서 설명한 '4주 목표 수익률'에 도달하지 못하고 계속해서 하락할 때도 있다. 대부분의 투자자는 이런 하락장에서 다 정리하고 손절하기 마련이다. 그러나 잃지 않는 투자를 믿고 계속 분할 매수해가면 투자금이 쌓이고 기대 수익도 눈덩이처럼 커진다.

전략적 분할 매수는, 내가 시장에 진입하는 것과 동시에 바로 가격이 오르는 것을 기대하지만, 그렇게 되지 않더라도 그 가격라인에서 여러 가지 경제지표와 보조지표를 보면서 내 투자 원칙에 부합하면 추가 매수를 하고, 부합하지 않으면 추가 매수를 하지 않고 손절하거나 다른 대응 방법을 찾는 것을 말한다. 정확한 투자 전략을 세우고 투자금 비중 관리를 하면서 분할 매수를 하면, 평균 매수 단가를 낮춰 결국 더 큰 수익을 얻을 수 있다.

반면 개인투자자들의 대부분은 하락장에서 막연하게 추가 매수를 하면서 '물타기했다'고 한다. 전략적 분할 매수와 달리 물타기는 어떤 기준이나 원칙이 있는 것이 아니라 내가 진입한 평균 단가보다 시장이 내려가면 밑도 끝도 없이 추가 매수를 하는 것을 말한다. 더 큰 시장 하락을 예측하지 못하고 평균 매수 단가만 낮추려다 보면, 더 큰 손실로 이어지거나 시장 회복까지 오랜 기간을 기다리는 바람에 기회비용을 잃는 경우가 많다. 앞서 말한 것처럼 본전 심리가 작용해 막연히 물타기를 하거나 심지어 레버리지까지 활용해 물타기를 하는 순간 내 계좌는 빠르게 녹기 시작할 것이다.

계획과 원칙에 따라 투자하는 것과 밑도 끝도 없이 투자하는 것은 하늘과 땅 차이이다. 전략적 분할 매수에 대해 깊이 생각해보는 계기가 되기 바란다.

ETF 투자에서 100% 성공하려면, 시장이 좋을 때도 있고 나쁠 때도 있고 횡보할 때도 있지만 장기적으로 볼 때 시장이 우상향한다는 것에 대한 믿음에 달려 있다. 투자자 입장에서는 시장이 상승할 때가 좋겠지만, 전략적 분할 매수를 한다면 하락장 이후에 수익률이 더 좋을 수도 있다는 것을 기억해야 한다. 횡보장에서도 시장 수익률보다 10배에서 20배의 수익을 더 얻을 수 있다.

7. 수익은 트레이딩이 아닌 투자 전략에 달려 있다

트레이딩을 아무리 잘하는 고수라 하더라도 분명 한계가 있다. 우리는 사람이기 때문이다. 사람은 욕심이 끝이 없다. 필자 또한 아주 큰 수익을 얻기도 하지만 아주 큰 손실도 낸다. 1년을 놓고 보면 10개월 이상은 안정적인 수익을 얻는다. 그러나 단 2개월 동안 욕심이 더해지면서 수익의 상당 부분을 손실로 잃는 경우가 대부분이다.

10년 동안 투자 전문가, 트레이더로서의 삶을 살아가면서 느낀 것은 트레이딩이 중요한 것이 아니라 투자 전략이 중요하다는 점이었다. 내가 투자 원칙을 어떻게 정하느냐에 따라 오랜 기간 동안 수익을 낼 수 있는 투자자로 성장할 수 있다.

그렇다면 투자 전략이란 무엇일까. 시장은 대략 10년에 한 번씩 큰 변곡을 지난다는 것, 대략 3년 주기의 경기 사이클이 반복된다는 것, 그리고 과거 데이터를 분석하면 꼭 지켜지는 패턴들이 있다는 것을 알고, 그 패턴 속에서 잃지 않는 투자 타이밍을 찾아 그 타이밍에 계좌 관리를 하면서 투자하는 것을 의미한다.

이를 유념하면서 투자를 시작한다면, 트레이더가 아닌 투자 전략가가 되어 편안한 투자자로 성공할 수 있다. 단기적인 트레이딩, 소위 '단타'를 통해 수익을 얻는 것은 중요하지 않다. 일시적인 손실을 내더라도 투자 전략과 원칙이 뒷받침된 트레이딩을 할 때, 시장에 대한 안목이 생기고 투자 실력을 키울 수 있으며, 결국 최종적인 수익을 손에 쥘 수 있다.

그런데 앞서 말했듯이 우리는 사람이고 미약한 존재이며 우리의 뇌는 구조상 투자를 잘할 수 없다. 이런 한계를 보완할 수 있도록 만들어진 금융상품이 바로 ETF라고 믿는다. 그래서 투자 공부를 하기 어려운 사람일수록 더 ETF 투자를 해야 한다.

지금 당장 활용해볼 수 있는 ETF 투자 전략

이제 2020년에 실행해볼 수 있는 현실적인 ETF 투자 전략을 제안한다. 2020년 6월부터 증권계좌를 개설해서 코덱스200 ETF를 나의 월 저축 여력 자금의 10%씩 매달 투자한다. 코스피 지수와 상관없다. 2020년에 코스피가 1600포인트를 이탈하는 시기가 올 것으로 보고있다. 1600포인트를 이탈하면, 기존 투자에 월 저축 여력 자금의 20%씩을 추가로 투자한다. 그러다 코스피가 1900포인트대에 올라서면 그동안 분할 매수했던 ETF 총 투자금의 70%를 수익 청산한다.

이후로는 같은 방식으로 코덱스200 ETF를 월 저축 여력 자금의 30%씩 매달 분할 매수해 코스피 지수와 상관없이 3년 동안 투자한다.

이렇게 두 단계로 나눠 투자 전략을 제안하는 이유는 초보 개인투자자에게 성장할 수 있는 투자 훈련의 기회를 주기 위해서이다. 시장에 진입하는 시기를 가늠해보고, 분할 매수를 통해 코스트 에버리지 효과를 직접 체험해보는 것인데, 이러한 과정을 통해 시장이 저점 대비 상승해 수익이 났을 때 빨리 청산하고 싶은 마음을 다잡는 훈련을 할 수 있다. 내가 목표한 코스피 1900포인트가 올 때까지 청산하지 않는 참을성을 배우자는 것이다. 이후 1900포인트부터는 투자 원칙에 따라 분할 매수를 다시 시작해서 시장의 성장과 코스피 지수의 우상향을 믿고 3년 주기 장기 투자를 할 수 있다.

이런 훈련을 겪고 나면 시장이 바닥을 찍고 본격적으로 상승할 때, 시장 지수와 상관없이 분할 매수를 하면 계속 수익을 얻는 것을 경험하게 된다. 개인투자자들이 많은 시간을 할애하지 않더라도 투자 원칙을 믿고 따른다면 안정적인 수익을 낼 수 있을 것이다.

기술적 분석으로 봤을 때 국내 지수가 저점 대비 반등했지만, 더 큰 충격이 2020년에 한 번 더 있을 것이라고 판단하고 있다. 2022년 상반기까지는 코스피지수가 직전 고점 2200을 확인한다고 해도 추세적인 상승보다는 박스 장세에 대응이 현명한 구간이라고 보고 있다.

코스피가 1600포인트까지 하락하지 않을 것이라고 생각하는 투자자들은 ETF 직접 투자보다는 금융사에서 코스피 지수나 코스닥 지수를 추적하는 펀드에 투자 여력의 10%라도 투자해볼 것을 권한다. 투자를 배우고자 하는 독자들은 이 시기에 소액이라도 투자를 시작해볼 것을 권한다. 가까운 금융사에서 펀드 투자를 시작하다가 필자가 말한 대로 코스피가 1600포인트를 이탈하면, 그때부터 직접 투자를 하겠다고 마음먹고 다양한 미디어에서 자주 소통하면 좋겠다.

앞으로 더욱 성장할 ETF시장

필자는 앞서 말했던 것처럼 2010년 ETF를 처음 접하고 2년 가까이 선물옵션 분석 노하우를 바탕으로 ETF 투자를 한 뒤 많은 투자자들에게 이를 알리기 시작했다. 그때쯤 한 신문에서 개인투자자들이 지난 20년 동안 수익 낸 종목이 딱 두 종목이 있는데 '삼성전자'와 'KODEX200'이라는 기사를 읽었다. 2010년 ETF를 처음 접하고 소름 돋았던 기억이 다시 떠올랐다. 그때부터 본격적으로 개인투자자에게 ETF 투자를 알려야겠다고 생각했다.

제일 먼저 행동으로 옮긴 것은 2012년 9월 1일 팟캐스트 방송을 통해서였다. 당시에는 필자 이외에는 방송을 통해서 집중적으로 ETF를 알린 전문가가 없었다. 우연일 수도 있지만, ETF를 열심히 알리는 동안, 2010년 전후로 코스피 일평균 거래대금 대비 ETF 일평균 거래대금이 0.1%~2.0%에 머물던 ETF시장이 2012~2017년에는 11.3%~18.4%까지 성장하는 것을 보았다.

그 후로 유튜브 시대가 열리면서 날개를 달아 다양한 미디어에서 더 많은 투자자를 만나 ETF를 알릴 수 있었다. 그사이 ETF시장은 2019년 주식 투자자의 66%가 참여하고 코스피 일평균 거래대금 대비 29.8%를 차지하는 시장으로 성장했다. 지나온 10년, 앞으로 다가올 10년에 대한 기대가 크다. ETF시장을 널리 알리는 역할을 계속하면서 개인투자자에게 ETF 투자 전략을 지속적으로 제공하고 싶은 바람이다. 시장에 참여하는 개인투자자의 성장과 성공 투자를 기원한다.

"당신이 잘 아는 종목에 장기 투자하라.
만약 그럴 자신이 없으면 인덱스 펀드에 투자하라."

– 워런 버핏Warren Buffett

강흥보

(주)메이크잇 리서치센터장. 투자시장에서 개인 투자자들을 위한 기술적 분석
전문가로 활동하고 있다. 2006년부터 자신만의 차트 분석법을 구축하여 기
술적 분석 전문가로서의 입지를 단단히 쌓아왔다. 변동성이 큰 주식시장에
서 개인투자자가 안정적으로 수익을 낼 수 있는 금융상품은 ETF가 유일하다
는 것을 깨닫고, 2011년부터 팟캐스트 '리치 캠프'를 진행하며 새로운 투자 대
안인 ETF를 널리 알렸다. 3년 연속 팟캐스트 비즈니스투자 부문 1위를 기록
하며 '대한민국 1호 ETF 전도사'로 활약했다. 이후 2015년에는 개인투자자들
의 효율적인 자산운용을 위해 ETF 자동매매솔루션인 '메이크머니'를 개발했다.
2018년에는 재테크 컨설팅그룹인 '메이크잇'을 설립, 국내 최초 ETF 전문 미디
어인 'ETF 트렌드'와 트레이딩 전문 교육 채널 '트레이드 스터디'를 운영하며 국
내외 ETF 투자 동향 및 양질의 분석 정보를 공유하고 있다.
현재 높은 시황 적중률을 기록하는 전문가로서 한국경제TV, 머니투데이 등 각
종 경제 방송과 미디어에서 시황을 분석하고 있다. 2017년 12월부터는 유튜브
방송을 시작, 1년 만에 440만 회 조회 수를 기록했다. 저서로는 《2020–2022
앞으로 3년, 투자의 미래》《ETF 투자의 신》이 있다.

왜 전 세계 투자자들은
ETF에 열광하는가

글 · 김은미(삼성자산운용 투자교육팀장)

대부분의 개인 투자자들은 시장의 위험을 너무 과소평가하거나, 자신에게 어쩌다 찾아온 행운을 맹렬히 과신한다. 맹목적인 투기가 난무한 와중에 혁신적으로 등장한 상품이 바로 ETF다. 우리는 투자 현인들이 극찬한 ETF가 어떠한 배경 속에서 탄생했는지 다시 한 번 살펴볼 필요가 있다. 역사적으로 ETF가 금융시장에서 어떠한 성과를 내왔는지 지켜보며 그 탁월한 위력을 확인할 수 있을 것이다. 하지만 탁월한 금융상품이 있더라도 제대로 된 전략이 없다면 무용지물이다. '이기는 투자'를 위해 반드시 잊지 말아야 할 원칙을 살펴본다.

#ETF의 탄생 #존 보글 #인덱스 펀드 #ETF시장의 역사
#패시브 전략 #자산 배분 #장기 투자

지금 가장 핫한 투자는, 단연 ETF

'지금 바로 이 순간, 가장 핫한 투자의 도구는 The exchange-traded fund 또는 ETF이다.' 이 문구는 필자의 생각이 아니라 최근 읽은 해외 유명 언론사 기사의 첫 줄이다. 전혀 놀랍지 않은 것이, 지난 수년간 이와 비슷한 문구들을 수많은 기사와 각종 자료에서 많이 접했기 때문이다. 또한 이 내용은 지금 바로 이 순간에만 해당되는 현상도 아니다. 이미 전 세계적으로 투자자들 사이에서 ETF는 자산 관리에 있어 필수 투자 키워드로 자리를 잡은 지 오래다. 미국의 〈월스트리트 저널〉이나 영국의 〈파이낸셜 타임즈〉 같은 신문의 금융시장 섹션의 머리기사가 ETF로 시작되는 날들도 흔했다. 수많은 전 세계 투자자들에게 ETF는 어떤 이유로 이토록 핫한 투자 수단으로 주목받게 된 것일까.

'ETF를 아시나요?', 'ETF라고 들어보셨습니까?' 이러한 질문에 대해서 10여 년 전만 해도 '어, 외국어인데 첨단 IT 용어인가요?', 'E로 시작하니까 ELS와 비슷한 건가요?', '옵션Option과 유사한 새로 나온 파생상품인가요?'와 같은 질문이 돌아오곤 했다. 믿기 어려울 수 있지만, 필자의 생생한 기억에 거래소에서 거래되는 투자상품임에도 불구하고 증권사에 근무하는 직원들도 ETF를 잘 모르던 시절이 불과 12~13년 전이다.

하지만 강산이 바뀌고 보니 지금은 ETF 거래량이 우리나라의 경우 코스피 전체 주식 거래량의 25%를 훌쩍 넘어섰다(한국거래소 기준, 2019년 코스피 일평균 거래대금 대비 27.2%). 좀 더 실감나게 말하자면, 한국거래소에서 하루 동안 전체 거래대금이 4조 원이라면 그중 평균 1조 원은 ETF로 체결되는 샘이다. [그림 1] 차트를 보면 거래금액과 전체 코스피에서 차지하는 거래 비중(%)의 성장 추이를 볼 수 있다.

주식시장 역사의 혁신, ETF

ETF는 주식을 매매할 때와 동일하게 1주 단위로 거래할 수 있는 인덱스 펀드이다. ETF가 세계 자본시장에 등장한 것은 30여 년 전인 1989년으로 거슬러 올라간다. 세계 최초의 주식시장이 1600년대 초반에 등장한 이래, 미국 주식시장이 1817년에 시작되었고, 지금과 같

▶ 그림 1. ETF 거래 성장 추이

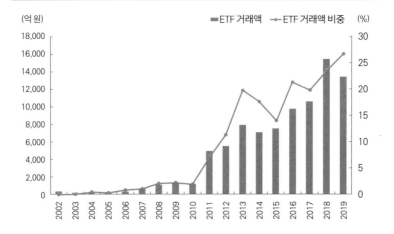

자료: 삼성자산운용, DataGuide, KRX

은 형태의 공모펀드가 1927년 역시 미국에서 시작된 역사에 비춰보면, 고작 30년 된 ETF는 투자시장 변천사의 가장 어린 신생이면서 혁신이다.

대부분의 처음이 그렇듯이 지금은 대세인 ETF도 그 탄생이 순탄하지 않았다. 미국에서 최초로 소개된 1989년 당시에는 금융제도에 부합하지 못하고 거래소 간 이해관계 상충 문제 등의 이유로 이내 사라졌다. 오히려 1990년 캐나다 토론토증권거래소에 상장되어 투자자들의 관심을 받게 되고, 1993년에 비로소 현재 전 세계 최대 ETF시장인 미국으로 돌아와 성공적으로 둥지를 틀었다. 이런 과정을 거치면서 전령사 뒤에 진짜가 나타나듯이 ETF의 시작은 1993년이라고 하는 의견이 거의 정설이 되었다.

이때 상장된 ETF가 State Street Global Advisors$_{SSgA}$라는 자산 운용회사가 상장한 현재 세계 최대 ETF인 SPDR S&P500(종목코드: SPY)이다. 당시 Standard & Poor's Depositary Receipts라는 이름으로 상장했는데, 이후에 이것을 줄인 'SPDR'를, 이 회사가 운용하는 모든 ETF 상품 시리즈의 이름 앞에 붙여 ETF 브랜드로 사용하게 된다. 사람들은 SPDR을 이어 발음하여 '거미'라는 뜻의 스파이더$_{Spider}$라고 기억하기 쉽게 부른다.

한 가지 더 예를 들어보면, 운용자산 규모 기준 세계 최대 ETF 운용사인 블랙록$_{BlackRock}$이 운용하는 iShares ETF 시리즈이다. iShares Core S&P500 ETF(코드: IVV)는 세계에서 두 번째 규모의 ETF로, 블랙록이 운용하는 ETF들 중 하나이다. 이처럼 ETF를 운용하는 자산운용회사는 거의 대부분 ETF 상품 시리즈 각각의 상품명 앞에 고유 식별 브랜드명을 붙여 사용하기 때문에 ETF의 이름만 봐도 어느 자산운용사가 운용하는 상품인지 쉽게 알 수 있다.

우리나라는 현재 15개 자산운용회사에서 ETF를 운용하고 있으며 마찬가지로 KODEX, KINDEX, TIGER, ARIRANG 등의 ETF 브랜드로 운용회사를 식별할 수 있다. 대부분의 운용사들이 애초에 한글이 아닌 영문으로 ETF 브랜드명을 설정한 것도 특이한 부분이다.

우리나라에서 최초로 상장된 ETF는 2002년도에 삼성자산운용이 상장한 KODEX 200 ETF(코드: 069500)이다. 한국거래소의 대형 200개 종목으로 구성된 KOSPI200지수를 복제하여 운용하는 인덱스 펀드로, 미국과 마찬가지로 현재 국내에서 가장 운용 규모가 큰

ETF이다. 우리나라에서 ETF가 본격적으로 개인투자자들에게 알려지기 시작한 것은 레버리지 ETF가 최초로 상장된 2010년도 후반이다.

미국보다 10년 정도 늦게 시작된 우리나라의 ETF시장도 초기 국내 상장 당시에는 국내 투자자들의 큰 이목을 끌지 못했다. 이유는 생각보다 간단하다. 우리나라 투자자들의 주식에 대한 기대수익률이 매우 높아서 특정 지수(인덱스)의 수익률을 추종하는 인덱스 펀드는 액티브 펀드 대비 상대적으로 큰 인기가 없었다. 따라서, 인덱스 펀드를 주식시장에 상장해놓은 투자상품인 ETF는 소위 '화끈한' 투자상품이 아니었던 것이다. 그런데 2009년 9월에 시장과 반대로 수익을 내는 KODEX 인버스 ETF(코드: 114800)에 이어 2010년 2월 KODEX 레버리지 ETF(코드: 122630)가 한국거래소에 상장되면서 ETF시장이 폭발적인 성장을 시작하게 된다. [그림 2]를 보면 우리나라 ETF시장의 성장세를 잘 보여주고 있는데, 처음 ETF가 상장된 해부터 2019년까지 연평균 34.29%로 금융상품으로서는 보기 드물게 장기간 높은 성장률을 기록하고 있다.

'레버리지를 일으킨다'라고 할 때 '레버리지'는 가지고 있는 돈 즉, 원금보다 더 많은 돈을 차입 등의 방법으로 확보하여 실질 투자 금액을 증가시켜 줌으로써 최초의 원금 기준으로 기대할 수 있는 수익률 결과값의 범위도 확대되는 효과를 추구하는 것을 말한다. 레버리지 ETF는 일간 기준으로 원금보다 두 배 더 많은 돈을 투자한 효과를 내도록 운용되는 ETF이다. 하루 동안 KOSPI200 수익률이 1%라고 가정하면, 같은 날 레버리지 ETF의 수익률은 2% 전후를, 반대로 -1%이면

자료: 삼성자산운용, DataGuide

-2% 전후의 수익률을 낸다. 이러한 레버리지 효과는 화끈한 것을 좋아하는 주식 투자자들이 시장지수와 ETF에 관심을 갖게 하는 유인이 되었다.

투기 아닌 진정한 투자

앞서 잠시 스쳐간 표현이 좀 우습긴 하지만, 화끈한 상품은 아마도 고수익을 노릴 수 있는 상품을 의미하는 것일 터이다. 우리는 '투자'라는 말을 접할 때 대부분 머리 속에서 어떤 기대감이 연기처럼 부풀어 오르는 것을 느낀다. '투자한다'는 것은 현재의 소비를 희생하거나 또는 현재 가진 것에 안주함으로 가질 수 있는 편안한 마음 등을 포기하는 대신 그 돈을 투자하여 미래의 어떤 더 나은 가치를 기대하는 행위라고 할 수 있다. 바로 그 기대감이 어떤 식의 기대인가에 따라 절묘하게 투자와 투기의 경계가 생긴다. 투자 현인들은 대부분 이 두 가지 개념을 분명히 구분하고 투기를 경계한다. 이러한 사실은 투자와 투기는 다르며, 그 차이점을 인지하고 투자에 임하는 것이 투자의 기본임을 시사한다. 이들의 투자 전략 또는 원칙은 각각 다름에도 한 가지 공통된 메시지가 있는데, 철저하게 연구하거나 완전히 알지 못한 채 행하는 투자, 또는 요샛말로 근자감(근거 없는 자신감)을 기반으로 하는 투자는 모두 '투기'라고 말하고 있다.

시대 순으로 몇 가지만 소개하면, 1900년대 영국의 경제학자인 케인즈Keynes는 "단순히 주가가 오를 것이라는 희망 즉, 심리적인 기대감만을 가지고 주식을 사게 되면 투기"라고 했다. 가치투자의 아버지로 이름을 남긴 벤자민 그레이엄Benjamin Graham은 "철저한 분석을 바탕으로 하지 않는 것은 모두 투기"로 해석했으며, 인덱스 펀드의 창시자로 지난해 유명을 달리한 존 보글John Bogle은 "시장에서 행해지는 단기 매매의 대부분은 투기"라고 생각했다. 오마하의 현인으로 불리는 현존하는 최고의 투자가 워런 버핏Warren Buffet은 "스스로 이해하고 잘 알지 못하는 투자는 절대로 하지 않을 것"을 중시했으며, 정작 자신의 투자 방식과는 모순되게도 "전문투자자가 아닌 보통의 투자자들은 시장 전체에 투자하는 인덱스 펀드에 장기적으로 투자하는 것이 현명한 투자"라 했다. 얼핏 보기에는 단순해 보이지만, 사실 잘 알지 못하는 투자는 하지 않고, 느낌대로 또는 감으로 투자하지 않고, 변동성을 견디며 장기적으로 투자한다는 것은 생각보다 쉬운 일이 아니다.

우리는 각자 '투자'라는 말에 어떤 기대를 하는가? 투자라고 하면 돈을 불리는 행위를 하는 것이라 생각하고 수익에 대한 기대감만 갖는 사람도 있고, 반면에 투자는 그저 어렵고 위험하다고 느끼는 개인들도 있다. 투자에 따르는 위험을 인식한 후자의 경우에도 '투자 위험'이 의미하는 바는 개개인마다 다를 것이다. 금융이론에서는 과거 수익률 결과값들의 변동성을 투자 위험을 측정하는 지표로 삼는다.

하지만 사실 대부분 보통의 사람들은 이런 숫자로 투자 위험을 실감하지 못한다. 또 아는 것과 투자에 실제로 적용하는 것은 상당히 다른 문제이다. 더 나아가 혹자에게 투자 위험은 원금을 지키지 못하고 손실을 보는 것일 수 있고, 다른 누군가에게는 목표한 수익률만큼을 달성하지 못하게 되는 것일 수도 있으며, 또 다른 투자자에게는 필요할 때 찾아서 사용하지 못하게 되는 것(팔리지 않는다거나 팔 때 엄청난 비용을 감당해야 하는 경우 등)일 수도 있다. 투자 위험도 간단하지 않다. 미래를 예측할 수 없는 것 자체가 미래의 수익률에 대한 기대감을 갖고 있는 투자자들에게는 위험이다. 여러분에게는 어떤 것이 투자 위험인가?

주식 투자의 예를 잠시 들면, 요새는 증권사에 계좌를 만들어 주식이라도 거래하려 하면 반드시 거치는 관문이 있다. 바로 '투자 성향' 설문인데, 투자자의 위험 성향을 파악하는 프로세스이다. 선물옵션의 경우, 더욱이 사전 교육을 받고 모의 매매도 해보는 과정을 거쳐야 실제 거래가 가능하다. 투자자를 보호하기 위해 근 수년 전에 도입된 장치이다. 그런데 투자의 위험을 정의한다고 모든 리스크가 없어지는 것은 아니다. 간과하면 안 되는 것이 있는데 투자 위험에 대한 성향, 즉 위험을 감당하고자 하는 의지와 투자 위험을 수용하는 능력은 구분되어야 한다는 것이다. 다시 말해 실제로 투자를 할 때는 성향대로 또는 하고 싶은 대로 다 해서도 안 되며 나이, 직업, 보유 자산 규모, 투자를 하는 구체적인 목적, 돈이 필요한 시기 등 형편에 맞게 투자해야 합리적인 결과를 달성할 수 있다. 여기까지만 봐도 투자는 간단하지 않다. 때문에 무턱대고 투자의 세계로 덤벼든 적은 없는지 생각해볼 일이다.

투자할 수 있는 자산도 세상 다양하다. 우선 생각해볼 수 있는 것들은 주식, 채권, 부동산, 원자재, 대체투자 등이 있고, 이에 대한 정보도 IT의 발달로 계속해서 증가하여 홍수라는 말로도 부족하게 넘쳐난다. 각 자산군에 직접 투자한다고 하면 투자하는 방법과 경로, 투자 시 필요한 최소 금액, 세제 등 모두 다르다. 이뿐인가. 각 자산군마다 어떤 경제적, 환경적, 정치적 요소들이 어떤 영향을 미치고 어떤 관계가 있는지도 잘 알아야 진정한 투자가 가능하다. 하지만 우리 모두는 무언가 생계를 위한 업에 종사하고 있다. 꼭 직업이 없어도 뭔가 투자 아닌 다른 일들에 많은 시간과 생각을 투입하며 살아가야 한다.

심지어 금융 또는 투자를 업으로 하는 많은 사람들도 실제 본인이 전문적으로 다루는 분야 이외에 모든 것을 알기에는 역부족인 경우가 대부분이다. 특히 앞서 투자에 대해서 짚어본 사항들을 하나하나 고려하면서 이런 모든 투자 대상 자산들을 면면히 분석하고 제대로 알아서 원론적인 투자를 한다는 것은 정말 어려운 일이다. 미안하지만 투자는 깊이 생각할수록 그 자체로 어려워지며 수반되는 추가적인 고려 사항들도 난제다.

투자민주화의 주역, ETF

결론부터 말하면, ETF는 진실로 현대 자본시장의 총아龍兒라고 감히 말하고 싶다. 단순히 투자자의 투기 심리를 충족해주는 몇몇 상품이 있다는 이유만으로 ETF가 전 세계에서 가장 핫한 투자 도구일 수는 없다. ETF를 조금 더 자세히 알게 되면 앞서 투자에 대한 단상을 나누는 가운데 툭툭 떠오른 각종 어려운 문제들을 다소 해결할 수 있다. 그리고, 왜 전 세계적으로 기관, 개인 할 것 없이 많은 사람들이 투자하여 ETF가 장기간 유례없는 성장률로 성장해오고 있는지 공감할 수 있다.

금융시장 역사상 ETF는 가장 혁신적인 상품이라 일컬어지고 있다. 사실 ETF가 가장 의미 있게 실질적으로 가져온 변화는 투자를 민주화Democratization시켰다는 것이다. ETF라는 상품이 탄생한 이후 계속 진화·발전하면서 예전에는 개인투자자들이나 투자 규모가 작은 투자자들은 접근이 어려웠던 포트폴리오나 자산군에도 쉽고 효율적으로 투자가 가능해졌기 때문이다.

ETF시장 초기 최초 ETF(SPDR S&P500: SPY)가 상장되고 10년 동안은 주식에 투자하는 ETF들이 주류를 이루었다. 이후 2002년도에 와서 최초의 채권 ETF인 iShares iBoxx $ Investment Grade Corporate Bond(코드: LQD)가 상장되고 이어서 금과 같은 귀금속 등 원자재에 투자하는 ETF들도 차례로 시장에 데뷔를 한다. 금에 투자하고 싶은 투자자들에겐 세계에서 가장 큰 금 ETF인 SPDR Gold ETF(코드: GLD)가 있고 우리나라에는 KODEX 골드선물(H) ETF(코드:

132030)가 상장되어 있다. 그 외에도 원유에 투자를 원하면 창고를 준비해두고 원유 산출국을 간다거나 주유소에 갈 필요 없이 원유 ETF를 사면 되고, 부동산에 투자를 원하면 돈이 있어도 복덕방에 가는 대신 리츠 ETF로 투자할 수 있으며 돈이 많지 않아도 ETF로 부동산 자산을 포트폴리오에 담을 수 있다. 심지어 비상장 회사나 헤지펀드에 투자하는 ETF도 있다. 2008년 금융위기 때에는 시장의 변동성이 크게 확대가 되면서 VIX 지수(주식시장의 변동성에 대한 기대감을 지표화한 지수)에 투자하는 ETF가 상당한 관심을 받기도 했다. ETF는 투자 경로 또한 대폭 단축시켜서 펀드임에도 불구하고 주식 한 종목을 거래하듯이 ETF도 주식과 똑같이 한 주, 두 주 단위로 매매하면 되므로 다양한 투자 자산을, 심지어 국경을 넘어서 투자하는 것도 간단해졌다. 이것 또한 ETF가 투자 시장에 가져온 엄청난 유연성이자 혁신인 것이다.

다만, 혁신의 부작용이라면, 이러한 기존에 접근이 쉽지 않던 다양한 투자 자산들에 대한 투자 경로가 단축되면서 일반 투자자들의 경우 각각의 상품에 대한 충분한 사전 지식이 없이도 투자할 수 있다는 것이다.

이렇듯 ETF는 모든 투자자에게 있어서 투자의 지경을 그 이전에는 상상할 수 없는 데까지 넓혔으며 지금 이 순간에도 계속해서 더 확장해 나아가고 있다. 그러다 보니 ETF는 매우 훌륭한 자산 배분의 도구로서 투자 시장에서 확고한 자리를 잡게 되었다. 뒤에서 언급하게 되겠지만, 자산 관리를 함에 있어 투자를 할 때 가장 중요하게 실천해야 하는 전략 중 하나가 바로 '자산 배분'이다. 전체 투자 자산 포트폴리오 수익률은 90% 이상이 자산 배분을 어떻게 하느냐로 결정된다고 해도 과언이 아니다. 이것에 관한 국내외 논문도 나와 있다. 그만큼 투자에 있어서 자산 배분이 중요한데, ETF가 바로 이 부분을 매우 쉽게 구현할 수 있도록 모든 사람들에게 열어준 것이다. 펀드매니저와 기관 투자가와 같은 전문 투자자는 물론이고 보통의 개인투자자들도 원하는 자산 배분 방향을 설정하고 나면 ETF로 바로 자산 배분이 가능하다. 성향이 공격적인 투자자의 경우, 주식과 채권에 각각 70%, 30%씩을 투자하는 포트폴리오 구성을 하고자 한다면, 아주 간단히 말해서 주식에 투자하는 ETF와 채권에 투자하는 ETF를 비중에 맞추어 단일 계좌에서 몇 주씩만 사도 의도하는 자산 배분을 완성할 수 있다. 여기에 전문성이 더해진 투자자들은 ETF를 훌륭한 자산 배분 도구로써 아주 효율적으로 활용할 수 있다. 전 세계적으로 ETF가 가장 핫한 투자의 트렌드가 된 것은 바로 이러한 투자 도구로써 절대적인 강점이 있기에 가능한 것이다.

위대한 투자자들과 함께 발전해온
'패시브 전략'과 '액티브 전략'의 역사

투자 민주화의 주역인 ETF의 또 한 가지 중요한 위력에 대해서 좀 더 깊은 얘기를 더 하자면, ETF와 투자를 논할 때 빼놓을 수 없는 액티브와 패시브 간의 논란이다.

ETF는 주식처럼 사고파는 형태로 투자할 수 있어서 펀드임에도 불구하고 주식과 유사한 투자 대상으로 보이기도 한다. 그렇지만 본질적으로 이 두 가지는 완전히 다르다. ETF는 기본적으로 '인덱스 펀드'이다. 인덱스 펀드는 지수 또는 인덱스의 성과를 따라가도록 운용하는 패시브 전략Passively managed strategies을 기반으로 한다. 반면, 액티브 전략Actively managed strategies은 시장 지수 대비 초과 수익, 즉 통상 우리가 알파(α)라고 하는 것을 얻기 위해 시장의 방향과 주식의 가격을 예측하고, 그에 따라 수시로 종목을 교체하는 등의 방식으로 포트폴리오에 적극 반영하는 운용 전략이다. 결과는 당연히 지수 수익률 대비 좋을 수도 나쁠 수도 있다. 액티브 전략 기반의 펀드는 예측을 위해 필요한 각종 리서치 비용, 그리고 전략 특성상 잦은 주식 매매에 따른 운용 비용 등 전체적으로 투자에 따르는 비용이 상대적으로 비싸다.

반면, 패시브 전략은 지수 수익률을 달성하도록 운용되므로 수익률 결과는 지수Index의 수익률과 거의 비슷하며 변동성이 상대적으로 적다. 포트폴리오 운용 측면에서도 추종하는 인덱스의 구성을 완전 복제하거나 인덱스 내 전체 종목들의 일부로 지수의 성과를 복제하도록 운용되므로 잦은 종목 교체에 대한 비용이나 과다한 리서치 등의 비용을 아낄 수 있어 투자 비용을 절감할 수 있는 장점이 있다. 이것이 장기 투자와 결합하게 되면 투자자의 수익률 측면에서 상당한 위력을 갖게 되는 것이다. 가장 많은 ETF가 상장되어 있는 미국의 경우, 주식형 ETF의 평균 운용 보수는 0.20%로 상당히 낮은 수준이다.

액티브와 패시브 논란은 1950년대에 현대금융이론의 아버지인 해리 마코위츠Harry Markowizt의 위대한 업적인 '현대 포트폴리오 이론Modern Portfolio Theory'에서 시작되었다고 볼 수 있다. 해리 마코위츠는 이

이론을 통해서 최초로 '분산투자Diversification'를 수학적으로 풀어내어 투자 위험을 통계적 개념인 분산Variance으로 측정하였고 개별 자산이 아닌 포트폴리오 전체의 수익률과 자산 간 상관관계Correlation를 통해 '투자 위험'을 관리하는 데 연구의 초점을 두었다. 이 과정에서 소위 시장의 모든 위험 자산을 포함하는 시장 포트폴리오Market Portfolio가 도출되는데 이것이 지수 투자 즉, 패시브 투자 전략의 기초 개념이 된 것이다.

금융에 수학Mathematics을 적용하여 최초로 위험 자산에 대한 포트폴리오 투자를 통계적인 프레임을 통해 체계화하는 구체적인 개념을 세상에 소개한 것인데, 이후 기술이 발달함에 따라 계속해서 확장성을 가지고 발전하면서 현대금융이론을 완성하게 된다. 어찌 보면 투자 세계에서 최초로 초기 형태의 지도를 발명한 것과 같은데, 이 공을 인정받아 마코위츠는 1990년에 경제학 부문의 노벨상을 수상한다.

이런 발견이 있기 이전에는 사실상 금융은 독립된 이론이나 학문도 아니었고 경제활동의 일부에 불과했으며 MBA 수업시간 등 학교에서나 논의되는 주제에 머물러 있었다. 경제활동의 주체인 기업의 경우도 회계 표준이 지금과 같이 엄격히 정립되어 적용되기 이전이었으며 경험치라고 말할 수 있는 수준 이상의 지금과 같은 데이터는 전무한 상황이었다. 그러다 보니 당시 보통 사람들의 주식 투자라고 하면 그저 소문이나 유명한 사람 말 한마디에 심리적인 기대감으로 이리 쏠리고 저리 몰려가는 투기 수준이었다고 해도 과언이 아니다.

그런 중에 '가치Value투자'의 아버지, 그리고 어쩌면 워런 버핏의 스승으로 더 유명한 벤자민 그레이엄이 1949년에 가치투자를 그의 저서, 《현명한 투자자The Intelligent Investor》에서 소개하면서 우리가 이후 액티브 투자라고 부르는 운용 전략의 원형이 마침내 처음으로 정립되었다. 벤자민 그레이엄은 기업의 재무제표 등을 철저히 분석한 것을 바탕으로 적정 가치를 산정하여 투자하는 방식을 제시하였다. 당시 원칙 없이 단순한 예측 같은 것을 따르는 매매가 성행하던 주식 시장에 처음으로 투자 전략이라 할 수 있는 토대를 제공한 것이다. 여기에 액티브 전략의 또 다른 축인 성장주Growth 투자도 필립 피셔Philip Fisher에 의해 소개되고, 이후 워런 버핏과 같은 훌륭한 투자 전문가들이 계속해서 액티브 투자를 성장시킨다.

패시브 전략의 재료가 된 마코위츠의 이론도 1964년 윌리엄 샤프William Sharp(1990년 노벨상 수상)의 자산가격결정모형Capital Asset Pricing Model, 1965년 유진 파마(2013년 노벨상 수상)의 '효율적 시장 가설 Efficient Market Hypothesis', 버튼 말킬의 랜덤 워크 이론(저서: Random Walk Down Wall Street) 등이 그 계보를 이으며 계속해서 발전하였다.

당시 존 보글을 위시한 패시브 신봉자들은 수많은 액티브 펀드가 그 성과도 장담 못하고 심지어 시장 지수도 이기지 못함에도 불구하고 투기에 가깝게 운용한다고 생각했으며, 여기에 일반 투자자들이 비싼 비용을 지불하면서 투자하는 것을 안타깝게 생각했다.

이렇듯 한창 분위기가 무르익어 가는 가운데 액티브 펀드만 존재하던 펀드시장에 최초의 인덱스 공모 펀드인 지금의 Vanguard 500 Index Fund가 1975년도에 탄생하게 된다. 액티브 전략만이 팽배했던 당시 투자시장에서는 '이게 무슨 펀드냐' 하는 힐난을 받으며 액티브 대 패시브 논란이 더욱 가열되었다. '이 펀드는 보글의 실수Bogle's folly'라는 비판을 듣기도 했다. 그러나 결국 패시브 시장은 계속해서 엄청난 규모로 성장하였고, 뱅가드Vanguard의 설립자이자 인덱스 펀드의 창시자가 된 존 보글은 이 시대 금융시장의 성인Patron saint으로 불리게 되었다. 사실 존 보글이 최초의 인덱스 공모 펀드를 만들어서 일반 투자자들도 전체 시장에 투자할 수 있는 길을 열어줌으로써 가장 먼저 투자의 민주화에 크게 기여했다고 볼 수 있다. 대부분의 투자 대가들도 인정한 그의 위대한 업적이 바로 ETF가 세상에 나오도록 것이다.

한편 액티브 전략을 옹호했던 예일대의 로버트 실러Robert Shiller 는 1987년 블랙먼데이 당시 투자자들의 투자 행태를 분석한 결과를 바탕으로 효율적 시장가설에 반대하고, 액티브 전략을 지지했다. 사람들이 투자 결정을 할 때 대부분 이성적인 계산에 의하기보다는 비이성적인 감정Emotion에 의해 투자 결정을 하므로, 시장은 완전히 효율적이지 않으며 정보의 비대칭성이 존재한다고 보았다. 이러한 인간의 비이성적 판단이 시장 가격에 영향을 미친다고 주장하기도 했다.

액티브 펀드에서 패시브 펀드로의 자금 이동 추세

사실 액티브나 패시브 전략 중 어떤 전략이 항상 이긴다고 말할 수는 없을 것 같다. 하지만 데이터를 보면 투자자들의 자금의 흐름으로 어느 편의 손을 들어주었는지 알 수 있다. 세계 최대 자본시장인 미국의 자산운용시장에서는 주식형 펀드의 경우, 지난 10년간 액티브 펀드에서 패시브 펀드로 자금이 지속적으로 이탈하여 이동하고 있는데, [그림 3]의 그래프를 보면 마치 초등학교 시절 미술시간의 데칼코마니를 보는 듯하다.

이러한 액티브에서 패시브로 투자 자금의 이동은 우리나라에서도 다소간 차이만 있을 뿐 2008년 금융위기 이후 지난 10년간 진행되고 있다. [그림 4]를 보면 2009년 이후 공모형 액티브 펀드에서만 빠져나간 금액의 규모가 약 90조 원에 달한다. 국내 전문 투자자인 기관 투자자들도 점차적으로 패시브 전략을 선호하고 있으며, ETF를 비롯한 패시브한 전략을 기금운용 포트폴리오에 적용하는 것을 늘리는 추세다.

액티브 전략과 패시브 전략 간의 자금 흐름 외에도 정작 중요한 각각의 포트폴리오 성과를 살펴보면 여전히 평균적으로 패시브가 액티브를 이기는 모양새를 보인다. 우선 전 세계적으로 펀드시장을 보면

▶ 그림 3. 미국 주식형 액티브와 패시브 펀드 자금 유출입

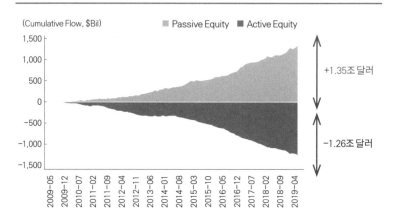

자료: Morningstar Direct Asset Flows

장기간으로 갈수록 액티브 펀드가 패시브 펀드의 성과를 이기지 못하는 현상이 통계로 나타나고 있다. 우리가 잘 아는 S&P 등급이라든가 S&P500, 다우존스 산업지수 등 시장지수를 산출하는 세계적으로 가장 큰 시장 데이터 및 지수 정보 회사인 스탠더드 앤드 푸어스사 Standard & Poor's는 매해 한두 차례씩 전 세계 각 국가의 펀드시장을 분석해서 패시브 펀드와 액티브 펀드의 성과를 비교하는 'SPIVA'라는 점수판 Scorecard을 공개한다. [그림 5]와 같은데 여기서 SPIVA는 S&P Index vs. Active를 의미하며, 2019년 6월 기준으로 각 국가의 액티브 펀드들의 성과가 S&P500 성과를 이기지 못한 비중을 1년, 3년, 5년의 기간 동안 해당되는 숫자로 나타낸 것이다. 미국을 보면 지난 5년간 전체 액티브 펀드의 79%가 S&P500보다 못한 성과를 기록했다. 대체로 기간이 길어질수록 액티브 펀드의 연평균 수익률이 시장 지수를 이기지 못하는 경향을 보인다.

▶ **그림 4. 국내 주식형 공모 펀드 누적 자금 유출입**

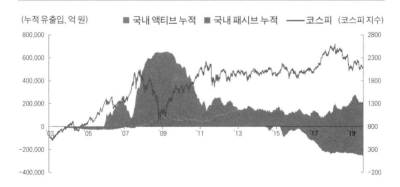

자료: 삼성자산운용, 제로인

▶ 그림 5. SPIVA Around the World

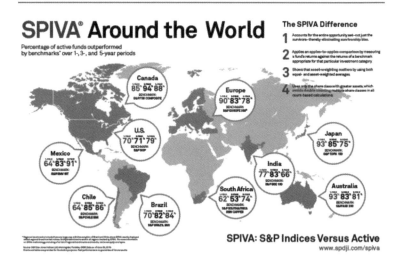

자료: S&P Dow Jones Indices, S&P Global

▶ 표 1. 2013년 상위 펀드의 이후 상대 성과

(단위: %)

2013년 상위1%	2014	2015	2016	2017	2018
펀드A	6	9	58	91	90
펀드B	2	9	55	36	23
펀드C	1	7	99	63	98
펀드D	24	22	22	13	3
펀드E	24	61	29	55	90
펀드F	17	50	6	66	34
펀드G	13	19	39	70	34
펀드H	22	74	66	100	14
펀드I	8	35	31	73	14
펀드J	12	35	38	77	25
평균	13	32	44	64	43

자료: 삼성자산운용, 펀드닥터v2

사실 S&P Global에서 위의 통계를 통해 시사하고자 하는 메시지는 많은 액티브가 지속적으로 좋은 성과를 내지 못한다는 것이다. 액티브 펀드의 성과가 좋다고 말할 수 있으려면 좋은 성과를 계속해서 낼 수 있어야 한다는 것이고, 그렇게 함으로써 액티브 펀드의 성과가 단순히 운이 좋아서가 아닌 진정한 매니저의 실력이라고 할 수 있다는 것이다. 그러나, 미국의 경우에도 2019년 3월 말 기준, 미국 내 주식에 투자하는 액티브 펀드 전체의 단 11,4%만이 3년 동안 상위 25% 구간에 생존했다는 결과가 나왔다.

우리나라의 경우에도 상위 펀드가 지속적으로 상위 성과를 유지하지 못하는 통계를 간단히 구해볼 수 있다. [표 1]에 실제 펀드 데이터로 분석해본 바, 2013년 상위 1% 구간에 있었던 10개 펀드의 성과가 2014년 이후로 갈수록 하위 순위로 밀리는 것을 볼 수 있다. 심지어 몇몇 펀드는 하위 90%대로 성과가 하락한 것을 볼 수 있다.

▶ 그림 6. ETF의 패시브 펀드 시장 성장 주도

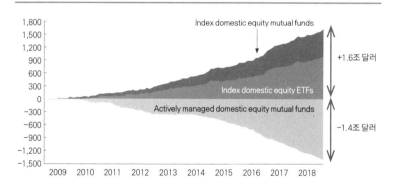

자료: 2019 ICI Fact Book

이러한 패시브 대 액티브 논란 속에서 평균적으로 패시브가 더 많은 승리의 증거를 보여주고 있는 가운데, 이러한 패시브의 성장을 주도하는 상품이 놀랍게도 바로 ETF이다. [그림 6]에 나타나 있듯이 가장 큰 ETF시장인 미국의 인덱스 펀드의 증가를 ETF가 주도하고 있다. 우리나라도 정도의 차이만 있을 뿐 앞에서 본 것과 같이 ETF는 고속 성장 중에 있다. 우리나라의 투자 문화도 더욱더 선진화 되어가는 추세이고 일반투자자들의 투자 식견도 한 층 더 심화되고 있는 가운데, 투자자들의 다양한 필요성을 충족시켜주는 상품이라는 측면에서 우리나라의 ETF 성장 추세는 투자 지평선상에서 아직 한창 떠오르는 해와 같다.

'이기는 투자'를 실현하는 최적의 전략

ETF가 투자를 위해 요구되는 대부분의 필요조건을 고루 갖춘 혁신적인 상품이라면, 앞서 ETF와 투자에 대한 검토를 통해서 ETF에 대한 객관적인 이해라는 충분조건도 갖추게 되었다. 그럼 마지막으로 투자로 다시 돌아가서, 현대 금융 과학의 총아인 ETF를 어떤 식으로 투자하면 백분 활용할 수 있을지 살펴보는 것이 좋을 듯하다. 아무리 좋은 무기라도 제대로 사용할 줄 아는 사람의 손에 있어야 그 구실을 제대로 하고 빛날 수 있다. 마찬가지로 훌륭한 투자 수단이 있더라도 제대로 된 투자가 접목되지 않는다면 그 가치를 누릴 수 없다.

ETF를 모르던 시장

2009년도에 중국 상하이로 출장을 갔을 때 다양한 투자자들을 만날 기회가 있었다. 당시에 중국 시장은 수년간의 엄청난 상승장을 지나 2008년 금융위기를 겪고 다시 반등 국면을 지나고 있는 중이었다. 그런 상황에서 '해외 분산투자' 또는 '글로벌 투자' 같은 말들은 중국의 일반 개인투자자의 관심을 전혀 끌 수가 없는 상황이었다. 중국 대부분의 개인투자자들에게 당시 주식시장은 투기장이나 다름없었고, 주식에 대한 기대수익률도 매우 컸기 때문에 변동성도 상대적으로 크지 않았다. 기대 수익률도 중국 시장보다 높지 않은 해외로 분산투자한다는 것은 당시 그들의 사고와 지식 면에서 경험 밖의 일이었다. 방문 기간 동안 조사해본 바로는 중국의 개인투자자들의 해외 투자 비중이 그들의 전체 주식 투자에서 대략 1% 정도에도 미치지 못하는 상황이었다. 이런 사실을 알고 중국 투자자들에게 당장 ETF를 소개하는 것이 시기상조라는 결론을 내리고 허탈하게 돌아온 기억이 있다.

우리나라도 지금보다 주식시장이 효율적이지 않았던 시기에는, 경제성장률도 물론 지금보다 높았으며, 해외 투자 부분도 매우 낮았고, 국내 주식 투자에 훨씬 익숙하던 시기를 지났다. 시장에 떠도는 그럴싸하는 소문 또는 추측에 개인들의 심리도 움직이고, 자금이 움직였으며, 발을 담그기만 하면 크게 수익을 낼 수 있을 것만 같았던 시절이었다. 일부 개인들은 큰돈을 벌었고, 그보다 더 많은 수의 투자자들은 큰 손실을 보고 회복하지 못하기도 했다.

'분산 투자'와 '장기 투자'는 단순하지만 강력한 원칙

투자의 현인들의 저서들을 보면 전문적인 투자자들을 위한 것보다는 일반 개인투자자들을 위해서 마치 유언처럼 남긴 지혜들을 찾아볼 수 있다. 벤자민 그레이엄은 저서 《현명한 투자자》와 생전 인터뷰에서 보통의 개인투자자들에게 방어적인 표준 투자를 할 것을 권하고 있다. 개별 종목보다는 분산 투자를 하고, 가급적 직접 하지 말고 펀드를 사라고 조언한다. 그리고 주식과 채권으로 자산 배분할 것과 적립식 투자가 좋다는 것까지 살뜰하게 챙겨준다. 무엇보다 건전한 투자 원칙으로서 분산 투자와 장기 투자를 강조했다.

그의 수제자인 워런 버핏도 대다수 투자자들에게 가장 합리적인 투자 방법으로 펀드를, 그것도 저비용 인덱스 펀드를 권했다. 이 외에도 대다수의 투자 대가들이 투기에 빠져들기 쉬운 보통의 개인투자자들에게 공통적으로 일관되게 제시하는 투자 원칙 또는 투자 전략이 있는데, 정리해보면 네 가지 정도로 추려진다. 장기 투자, 분산 투자, 목적 기반 투자, 저비용 투자 등이 그것이다. 중요한 것은 이 네 가지는 모두 동시에 추구되어야 효과적이라는 것이다.

▶ **그림 7. 미국 및 한국의 자산별 과거 투자 성과 추이**

자료: 삼성자산운용, 블룸버그, DataGuide, 한국은행, KB 부동산

세계 금융시장의 한 세기 역사에 비춰볼 때 투자 위험과 보상, 즉 기대수익률이 비례의 관계에 있다는 것은 학문적으로나 경험적으로 증명된 바 있다. [그림 7]의 차트를 보면 가장 위험한 투자 대상인 주식이 장기간의 투자 기간에 걸쳐 훨씬 더 많은 수익률, 즉 보상을 주고 있으며 장기채와 단기채 등의 순으로 보상 수준이 주어지는 것을 볼 수 있다. 우리나라는 금융시장의 초창기 데이터가 존재하지 않는 관계로 미국보다는 짧은 기간 동안의 자산별 수익률만 볼 수 있지만 내용은 비슷하다. 다만, 우리나라 차트가 기간별로 좀 더 자세히 보이는데, 보다 투자 위험이 큰 자산일수록 오르고 내리는 변동성이 훨씬 큼을 알 수 있다.

위험 자산의 변동성은 장기 투자 시 사실상 가장 큰 장애물이라고 할 수 있다. 투자의 현인들은 이런 것을 알았기에 특히 주식 투자에 대해서 장기 투자를 첫 번째로 강조했다. 들쭉날쭉 오르고 내리는 가운데, 보통의 투자자들은 오를 때 욕심을 내서 사고 내릴 때 두려움에 팔아버리는 심리적인 습성이 있다. 이것은 펀드에 돈이 들어오고 나가는 데이터만 봐도 드러난다. [그림 8]을 보면, 수익을 내려면 펀드 또는 주가 수익률이 높을 때 이익이 실현되어 돈이 나가고, 반대로 하락할 때 돈이 들어와야 하는데, 현실은 그 반대인 경우가 대부분이다. 펀드 수익률이 좋을 때 자금이 들어오고, 펀드 수익률이 떨어지면 견디지 못하고 펀드를 환매하고 자금이 나가는 것이다. 미국과 한국, 공히 보통의 투자자들의 펀드에 대한 자금 유출입 패턴이 비슷하다.

장기 투자의 두 번째 걸림돌은 바로 예측 불가능한 미래를 예측하

주식 수익률과 주식 펀드로 유입액

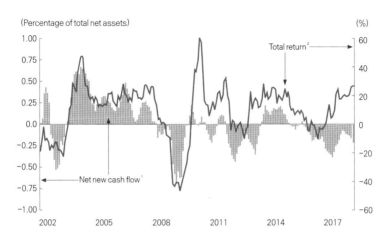

펀드 수익률과 유출입 금액

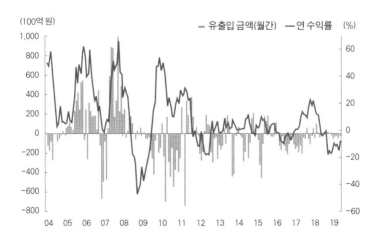

자료: ICI, MSCI, 블룸버그, 삼성자산운용

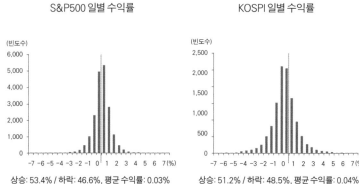

S&P500 일별 수익률   KOSPI 일별 수익률

상승: 53.4% / 하락: 46.6%, 평균 수익률: 0.03%   상승: 51.2% / 하락: 48.5%, 평균 수익률: 0.04%

자료: 삼성자산운용, 블룸버그

는 것과 이에 대한 근거 없는 자신감이라 할 수 있다. [그림 9]의 주식시
장의 일간 수익률 분포를 보면 거의 동전 던지기와 비슷한 수준으로 반
반의 상승과 하락 분포를 보여준다. 그런데, 여기서 자세히 볼 부분은
전체 평균 수익률(하늘색 긴 선)이 양의 숫자라는 것이다. 이것은 앞서 자
산군별 수익률 차트에서 본 것과 같이 장기적으로 우상향 하는 투자
자산의 수익률 특성을 나타내는데, 우상향 하는 자본시장의 속성을
의심하지 않고 장기 투자를 할 경우 이익을 보게 된다는 것이다.

투자 기간이 길어질수록 손실 확률이 감소하는 것도 데이터로 검증
해보면 [그림 10]과 같다. 평균 수익률은 비슷한 수준을 유지하면서 투
자 기간이 길어질수록 손실 확률인 회색 부분이 눈에 띄게 줄어들고
있는 모양새다.

사실 이런 검증 자료를 눈으로 보고 나서도 장기 투자를 막상 실천

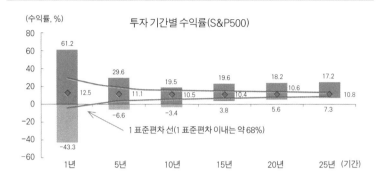

투자 기간별 수익률(S&P500)

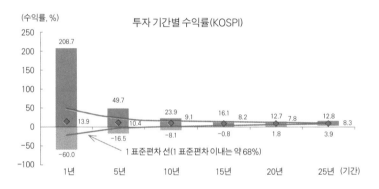

투자 기간별 수익률(KOSPI)

자료: 삼성자산운용, 블룸버그

하기는 쉽지 않다. 대부분의 사람들의 마음에는 타고난 심리적인 편향이 내재되어 있기 때문이다. 심리학자로서 행동경제학Behavioral science 부문의 연구 업적으로 노벨 경제학상을 수상한 대니얼 카너먼Daniel Kahneman은 사람들의 경제적 의사결정에 영향을 미치는 심리를 연구하여 이러한 편향들을 검증했다.

몇 가지 예를 들어보면, 먼저 과도한 자신감이 있다. 근거 없는 예측에 대한 과도한 확신을 갖는 경향이 있다는 것이다. 복권을 샀을 때 당첨에 대한 확신과 비슷한 것이라 할 수 있다. 정박 효과Anchoring effect는 당장 눈에 보이는 것이 설령 의사결정 사안과 아무런 상관이 없음에도 배가 닻을 내리는 것처럼 그 기준에 정박하여 판단하는 편향이다. 과거 수익률 표를 보고 마치 그것이 자신의 미래 수익률이 될 것으로 판단하고 깊은 고민 없이 펀드를 선택하는 경우가 그 사례라고 할 수 있다. 시장에 패닉이 올 때 같이 패닉하거나 활황일 때 매수가 한 방향으로 쏠리는 '군집행동Herding'이라는 편향도 있다. 이 외에도 여러 가지 편향들이 우리들 마음에 원하든 원하지 않든 내재되어 있다. 오죽하면 투자에서 이기려면 먼저 자신을 이기라고 했을까.

이러한 타고난 심리적 한계를 극복하고 장기 투자에 성공하기 위한 어떤 외부 장치가 있다면 효과적일 것이다. 그중 하나가 '적립식 투자'가 될 수 있다. 적립식 투자는 일정 기간마다 지속적으로 정해진 규칙대로 투자금을 납입하는 투자 방식이다. 큰 장점은 보통 바쁜 일상에서 적립식 투자를 강제하다 보면 시장 공포기에도 감정을 배제한 투자가 가능하다는 점이다.

실제로 2008년 금융위기 시에도 심리적인 편향을 극복한 적립식 투자를 했을 경우 더 빠르게 원금 회복을 할 수 있었다. [그림 11]에서와 같이 현실적인 테스트를 보면 과거 1980년부터 2019년까지 코스피 지수에 매달 10만 원의 적립식 투자를 가정했을 시 누적 투자 원금은 4,440만 원이지만, 투자 기간 마지막 순간의 평가액은 2.3억 원으로 원금의 4.9배로 불어난다. 투자 기간 동안 투자한 자산이 등락을 반복

(NAV, 만 원)　　　　　　　　　　　平가 금액(NAV)　　　누적 투자 원금

하기도 하지만 장기 적립식 투자를 통해 감정을 극복하고 위험에 상응하는 보상을 얻을 수 있음을 확인할 수 있다. 그리고, 이러한 장기 투자의 결실을 보다 성공적으로 맺기 위해서는 나머지 세 가지 투자 원칙인 분산 투자, 목적 기반 투자, 저비용 투자가 함께 실행되어야 한다.

분산 투자는 '세상에서 유일한 공짜 점심'

해리 마코위츠가 분산 투자를 연구한 이래 마코위츠뿐만 아니라 많은 유명한 투자자들은 '분산 투자'를 "세상에서 유일한 공짜 점심"이라 했다. 여기서 공짜 점심은 바로 투자 위험 없이 수익률을 얻을 수 있다는 것을 의미한다. 위험이 따르기 마련인 것이 투자인데 이게 가능한가? 분산 투자를 하게 되면 포트폴리오 안에 종목 또는 자산 간 수익률 의 상관관계가 항상 똑같이 움직이는 1이 아니라면 전체 포트폴리오의 위험 즉, 변동성은 줄어들기 마련이다. 이렇게 되면 일정한 투자 위험 대비 수익률이 향상되기 마련인데, 이 부분이 바로 공짜 점심인 것이다. 분산 투자 시 가장 중요한 두 가지는 자산 배분과 글로벌 분산 투자이다.

투자 성과를 결정하는 데 가장 중요한 요소는 자산 배분이다. 많은 사람들은 좋은 종목을 선택하는 것이 투자 성과를 결정짓는 가장 중요한 요소로 생각한다. 하지만 미국의 91개의 대형 연기금의 10년 성과를 분석한 연구 결과에 따르면, 종목 선정보다 자산 배분이 투자 성과에 훨씬 더 큰 영향을 미친다는 것이다. 성과가 100이면 그중 90이 자산 배분을 잘해서 나온 성과이고 오직 10만이 종목 선정으로 설명이 되는 성과라고 한다. 여러 포트폴리오를 연구한 학계 논문에서도 [그림 12]와 같은 분석 결과를 도출한 것을 볼 수 있다.

▶ 그림 12. 포트폴리오 수익률 결정 요소

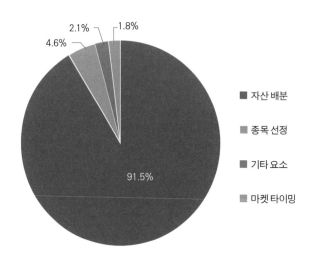

자료: 삼성자산운용, Brinson, Hood, and Beebower, "Determinants of Portfolio Performance", 1986

여기에 더해 다양한 국가의 자산들에 분산 투자까지 한다면 분산 투자의 이점을 진정으로 누릴 수 있다. 간단하게만 생각해도 우리나라의 시장이 하락할 때 다른 나라에 분산 투자를 한 상태라면 전 세계 자본주의 국가의 주식시장이 한번에 무너지지 않는 이상 포트폴리오 수익률을 일부 방어할 수 있다. 주식의 경우를 보면, 우리나라에만 투자한다면 만에 하나 시점을 잘못 선택하여 하락장 시작점에 진입을 하는 경우 원금을 회복하는 데 길게는 10년이 걸릴 수 있다. 이때 글로벌 분산 투자를 했다면 같은 상황에서 회복 시간을 최소한 반으로 줄일 수가 있다. [그림 13]은 1980년 이후 MSCI All Country World Index 데이터로 이러한 사실을 검증해본 것이다.

▶ 그림 13. 글로벌 주가 추이

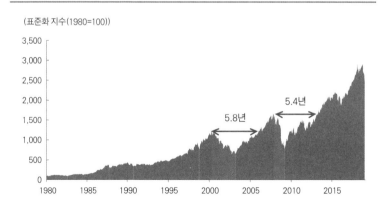

(표준화 지수(1980=100))

자료: 삼성자산운용, 블룸버그

목적에 따른 투자 계획과 투자 비용 살피기

장기 투자와 분산 투자를 하면서 빼놓지 말아야 하는 것이 바로 '목적 기반 투자'이다. 목적이 없는 투자는 단순한 게임이나 결국 투기로 이어질 수가 있다. 투자에는 여러 가지 목적이 있을 것이다. 결혼, 주택 마련, 자녀 대학 입학, 자동차 구매, 그리고 은퇴 등 살면서 여러 가지 중요한 목적들이 있고 여기에는 필요한 자금이 있기 마련인데, 보통 이런 목돈을 준비하는 계획의 중심 축은 바로 투자가 될 것이다.

목적 기반 투자는 목적을 달성하는 확률을 높이는 투자를 의미한다. 목적하는 이벤트가 아직 멀었다면 장기 투자 계획이 필요할 것이고 가깝다면 현재 보유하는 자산을 잘 보존하여 사용하는 계획이 필요할 것이다. 은퇴 시점을 대비하는 자금을 준비하고자 하는 사람이 20~30대라고 해보자. 긴 투자 기간 동안 물가 상승이나 미래 소비 성향을 감안하여 포트폴리오의 위험 자산의 비중을 다소 높게 함으로써

▶ 그림 14. 투자 목표와 투자 위험

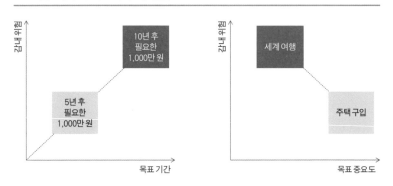

자료: 삼성자산운용

결과적으로 높은 보상 즉, 수익률을 은퇴 시점까지 확보하는 투자 계획이 보다 유효한 전략일 것이다. 반면에 은퇴 시점이 얼마 남지 않았다면 가급적 현재 보유한 자산을 원금 손실 없이 잘 가져가는 것이 은퇴 후 소비를 대비하는 데 합리적인 결정일 것이다. [그림 14]는 목표 기간에 따라 어떤 식의 투자에 대한 마음가짐이 필요한지 시각적으로 나타낸 것이다.

장기 투자를 할 때 간과하기 쉬운 부분이 바로 투자 비용이다. 투자 기간이 길수록 투자를 위해 지불하는 비용이 결과적인 수익률에 더 큰 영향을 미치게 된다. [그림 15]는 비용이 장기 투자를 할 때 투자 성과에 미치는 영향을 보기 쉽게 나타낸 것이다. 초기 자금 1억 원, 매년 5% 성장, 총비용을 0.15%와 1.5%로 가정하고 30년을 투자한 경우 비용이 낮은 상품은 결과적으로 운용 성과에서 4.2%가 보수로 차감되고, 비용이 높은 상품의 경우는 35.1%가 보수로 차감되는 결과를 가져

▶ 그림 15. 비용과 수익률 관계

저비용 상품(총보수 0.15%)

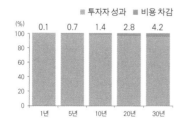

고비용 상품(총보수 1.5%)

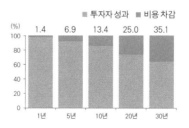

자료: 삼성자산운용

온다. 복리 효과로 인해 그 차이가 투자 기간이 길수록 상당히 크다는 점을 이해하고 장기 투자 시에는 반드시 지불하는 운용 비용을 한 번쯤 점검하는 것이 성공적인 투자 결과에 도움이 될 것이다.

큰 폭으로 성장하고 있는 ETF시장

지난해에도 ETF는 큰 폭으로 성장했다. 2019년 마지막 날 기준으로 전 세계에 상장된 글로벌 ETF의 수는 1만 276개에 달했다. 지난해에 새롭게 상장된 ETF 수만 662개이다. 이것의 총 자산 규모도 어마어마해서 연초 대비 30.9% 성장한 6.7조 달러를 경신했다.

해마다 전 세계 자산운용시장 동향을 조사하여 발표하는 ICI Investment Company Institute라는 미국의 기관 및 여러 글로벌 금융회사들의 조사에 따르면 전 세계 투자자들은 실시간으로 효율적인 자산 배분이 가능하고 포트폴리오의 위험을 효과적으로 관리하기 좋아서 ETF에 투자한다고 한다. 이 외에도 기관과 개인마다 ETF에 투자하는 이유는 다양할 것이다. 미국에서는 IFA Independent Financial Advisors라고 불리는 독립 투자자문사들의 경우, 다양한 자산군에 자유롭게 투자할 수 있으면서 보수가 저렴해 투자자들의 수익률을 개선하는 데 큰 도움이 되고 따라서 본인들의 성과에도 도움이 되어서 ETF 투자에 열광한다.

우리나라에서도 주식 종목으로 이루어진 포트폴리오를 운용하는 기존의 펀드 상품이 아닌 ETF로 포트폴리오를 구성한 펀드나 증권사 등의 랩Wrap 상품 등이 점차 증가하는 추세이다. 보통 EMP ETF Managed Portfolio라고 하는데 점차 이 상품명이 신문이나 미디어상에서 더 자주

오르내릴 것으로 보인다. 뿐만 아니라 2015년 하반기부터 퇴직연금 계좌로 ETF 투자가 허용된 이후 퇴직연금 계좌를 통한 ETF 투자도 증가 추세에 있는데, DC형(확정기여형) 퇴직연금과 IRP(개인퇴직연금계좌)에서 ETF에 대한 투자는 저렴한 보수 등 막강한 경쟁력을 바탕으로 장기적으로 증가할 것으로 보인다.

지금까지 본 바와 같이 ETF는 여러 가지로 그 자체만으로 투자 원칙에 부합하는 요소를 갖추고 있는 좋은 투자 수단이다. 다만, ETF가 주식처럼 손쉽게 매매가 가능함에 따라서 개인들이 직접 ETF에 투자하거나 ETF로 포트폴리오를 구성해서 운용하는 경우, 자칫 단기 매매의 유혹에 빠져들기가 매우 쉽다. 물론, 일반적인 지수 ETF가 아닌 레버리지 ETF 또는 인버스 ETF 등 일부 ETF는 장기 투자에 적합하지 않은 것도 있다. 존 보글도 본인의 발명품인 인덱스 펀드에서 탄생한 ETF의 이런 점을 상당히 비판했다. 기술의 진보에 따라서 투자가 지나치게 복잡해지고 더군다나 ETF는 거래가 매우 편리해서 보글이 꿈꿨던 상품 본연의 취지에 어긋나게 사용된다는 점을 안타깝게 생각한다는 글을 본 기억이 있다.

부副 또는 자산의 관리Wealth Management를 보다 성공적으로 하기 위해서는 자산 전체를 하늘에서 땅을 내려다 보듯이 총체적으로 봐야 할 필요가 있다. 탈무드에는 모든 사람들이 자신의 재산을 항상 세 가지 자산으로 나누어 보유해야 한다는 격언이 남겨져 있다. 부동산, 사업, 현금 자산에 각각 1/3씩 분배하여 관리하라는 것이다. 세 가지 자산군 정도로 분산 투자하는 것은 누구나 ETF로 해볼 수 있다. 부동산과 같이 지대 또는 임대 소득과 같은 소득Income을 추구하는 ETF, 사업과 같이 어떤 위험을 감수하고 이익을 추구하는 주식, 그중에서도 앞서 본 바와 같이 주식 투자 방법 중에서도 잘 분산된 주식 포트폴리오로 구성된 ETF, 그리고 현금 또는 예금과 유사한 성격의 ETF 등을 균일하게 담는 포트폴리오가 가능할 수 있을 것이다. 이렇게 하면 계좌를 관리할 때에도 세 가지 역할에 해당하는 ETF가 각각 1/3씩 균등하게 자른 케익처럼 고르게 배분이 되어 있는지 확인하는 것도 비교적 용이할 것이다.

국내에 상장된 ETF들 중에서 각각의 활용 성격에 해당하는 ETF를 예로 들어보면 다음 표를 참고할 수 있다(리츠 관련 ETF는 〈Theme 4〉에 나오는 전균 위원의 글을 참고하기 바란다). 이것도 복잡한 투자자들은 ETF 한 종목을 사더라도 글로벌 주식, 채권 등 다양한 자산군 또는 ETF들로 포트폴리오가 구성되어 한 종목임에도 불구하고 자산 배분의 효과가 있는 상품들도 있으니 참고하길 바란다.

투자자들에게 ETF는 각자가 가진 투자에 대한 마음가짐에 따라 투자 원칙을 단단하게 지니고 활용하면 탈무드의 격언을 따를 수 있게 해주는, 인생의 든든한 동반자가 될 수 있다고 생각한다. 하지만 사람이 완벽할 수 없듯이 우리가 건강에 좋은 음식도 먹지만 간혹 그렇지 않은 음식도 찾으며 인생의 즐거움을 추구하는 것처럼, 투자라는 명분으로 배팅을 하며 즐거움을 얻고 싶은 것을 완전히 다 막을 수는 없다. 다만 절제된 상황 가운데 이러한 목적에 부합하는 ETF도 심지어 다양하게 상장되어 있다. 여러 가지 측면에서 볼 때 ETF는 투자 인생의 좋

구분	코드	종목	순자산 총액 (억 원)	상장 시기
소득 (Income)	A273130	KODEX 종합채권(AA-이상)액티브	11,953	2017년 6월
	A272570	KBSTAR 중장기국공채액티브	310	2017년 6월
	A168580	KINDEX 중장기국공채액티브	352	2017년 6월
	A114260	KODEX 국고채3년	828	2009년 7월
	A114100	KBSTAR 국고채3년	374	2009년 7월
	A114820	TIGER 국채3년	434	2009년 8월
	A114470	KOSEF 국고채3년	338	2009년 7월
	A114460	KINDEX 중기국고채	193	2009년 7월
	A276970	KODEX 미국S&P고배당커버드콜 (합성 H)	304	2017년 8월
	A166400	TIGER 200커버드콜5%OTM	54	2012년 10월
글로벌 주식	A251350	KODEX 선진국MSCI World	3,137	2016년 8월
	A208470	SMART 선진국MSCI World(합성 H)	115	2014년 11월
	A195970	ARIRANG 선진국MSCI(합성 H)	44	2014년 5월
단기 채권	A153130	KODEX 단기채권	15,015	2012년 2월
	A214980	KODEX 단기채권PLUS	7,686	2015년 3월
	A272580	TIGER 단기채권액티브	2,628	2017년 6월
	A278620	ARIRANG 단기채권액티브	253	2017년 9월

자료 출처: 한국거래소, 삼성자산운용

은 친구가 되어줄 수 있는 참으로 신박한 금융시장의 명물이라는 것을 부정할 수 없다. 따라서 앞으로도 글로벌 최강 트렌드의 큰 축으로서 ETF의 역할을 더 기대해볼 수 있을 것이다.

"개인 투자자들이 하는 가장 큰 실수는,
최근까지 높은 수익률을 자랑하던 투자가
비싼 투자가 아닌 좋은 투자이고,
최근까지 저조한 수익률의 투자를 좋은(낮은) 가격의 투자가 아닌
최악의 투자라고 생각하는 것이다."

-레이 달리오 Ray Dalio

김은미

삼성자산운용 투자교육팀장. 2007년부터 삼성자산운용에서 상품개발, ETF 해외 상장, ETF 국내외 마케팅, 기획 등 다양한 업무를 맡았다. 10년이 넘는 기간 동안 쌓은 자산운용업과 ETF에 대한 이해를 바탕으로 2017년부터 국내 운용사 최초로 투자교육팀을 론칭, 투자자가 이기는 자산 관리와 투자 문화 정착을 위해 투자자 입장에서 반드시 알아야 하는 ETF 활용 및 투자 원칙 등을 연구하고 전파하고 있다.

1995년 금융업에 입문해 ABN AMRO, Bear Stearns(미국) 주식 중계, Merrill Lynch Investment Managers(서울) 한국 기관을 담당했고, 우리투자증권 Investment Banking 업무 등 자본시장의 최전선에서 근무하며 금융시장의 본질과 투자, 위험에 대한 전문성을 체득했다.

뱅가드 창업자 '존 보글'이 전하는 상식적인 투자에 대한 지혜

글·오기석(뱅가드펀드 홍콩 법인 상무)

'미국인 투자자에게 가장 큰 기여를 한 사람'으로 평가받는 뱅가드의 창업자 '존 보글'의 메시지는 여전히 투자자에게 큰 영감을 준다. 세월이 흘러도 여전히 유효한 그의 투자 원칙과 지혜를 다시금 살펴본다.

존 보글이 선택한 가장 간단하고 가장 효율적인 투자 전략

2019년 말 현재 전 세계적으로 7,000조 원 이상의 투자자들의 자금을 운용하고 있는 뱅가드(Vanguard)는 존 보글(John C. Bogle)의 아이디어로부터 시작된 글로벌 투자 회사다. 전 세계에서 가장 큰 자산운용사 중 하나이자 미국 퇴직연금 시장의 1위 회사인 뱅가드의 투자 철학은 글로벌 투자자들로부터 많은 지지를 받고 있다. 뱅가드의 창업자인 존 보글이 전하는 상식적인 투자에 대한 지혜를 이번 기회를 통해 공유하고자 한다.

존 보글은 뱅가드그룹의 창립자 겸 이전 회장이었으며, 보글 금융시장리서치센터(Bogle Financial Markets Research Center)의 대표를 역임한 바 있다. 그는 오랜 기간 동안 본인의 지혜와 투자 원칙을 전파하여 많은 개인 투자자들에게 수익을 안겨주기 위한 많은 노력을 하였다.

보글은 투자자들이 재무적인 미래를 구축할 수 있도록 굳건한 전략을 제공했다. 그는 대중들이 이해하기 쉽도록 단순한 산술 계산을 활용한 수치를 제시하였으며, 또한 역사적으로 입증된 바와 같이 가장 간단하고 효과적인 주식 투자 전략은 '주식시장에 상장된 모든 기업의 주식을 매우 낮은 비용으로 보유하는 것'이라고 설명했다. 이렇게 함으로써 주식 투자에서 발생하는 배당금 및 가격 상승의 가능성까지 기업들이 창출하는 거의 모든 수익을 확보하는 것이 가능해진다.

이러한 전략을 이행하기 위한 최선의 방법은 "모든 시장 포트폴리오로 구성된 펀드를 매입하여 영원히 보유"하는 것이며 이는 매우 간단한 투자 방법이다. 그러한 전략을 사용하는 펀드를 인덱스 펀드라고 한다. 인덱스 펀드는 단기적으로는 투자자들의 호기심을 끌기 어려

▶ **그림 1. 비용 감안 후의 투자 성과 분포**

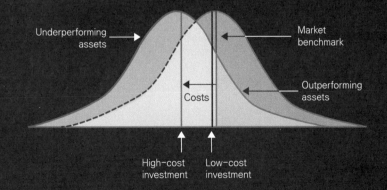

Underperforming assets

Market benchmark

Costs

Outperforming assets

High-cost investment

Low-cost investment

운 자극적이지 않은 투자상품이지만 우수한 장기 투자 성과로 투자자들에게 보답하는 효과적인 투자 전략이다. 인덱스 펀드로 구성된 포트폴리오는 투자자들이 주식시장에서 발생하는 수익을 공정하게 누릴 수 있게 보장하는 유일하고 효율적인 투자 방식이다.

인덱스 펀드의 저비용 구조가 더 많은 수익의 원천

인덱스 펀드가 투자 수익을 공정하게 누릴 수 있다고 하는 이유 중의 하나는 저비용 구조 때문이다. 인덱스 펀드는 시장을 시가 총액 비중으로 복제하면 되기 때문에 액티브 펀드 대비 상대적으로 비용이 낮은 경우가 많다. 그리고 이러한 저비용 구조는 투자자들에게 더 많은 수익을 돌려줄 수 있는 원천이 된다. 투자 자체는 제로섬 게임이 아니지만, 투자자들의 수익률 분포는 벤치마크 기준 정규 분포를 따르는 제로섬 게임이라고 볼 수 있다. 비용이 높은 투자 방법일수록 벤치마크 대비 성과가 떨어질 가능성이 높아진다.

인덱스 펀드 투자는 투자자들이 시장을 관망하는 자세로 시장이 스스로 벌어들이는 수익을 누릴 수 있게 하지만, 대부분의 많은 투자자들은 단기 매매에 빠져들며 승자의 게임을 패자의 게임으로 바꾸는 악수를 두고 있다. 존 보글이 전하는 아래의 성공 투자 가이드를 읽고 투자 게임에서 승리를 거둘 수 있는 기회를 포착하길 바란다.

〈존 보글이 전하는 성공 투자 가이드〉

- 개별 주식 선정, 매니저 선정 또는 섹터 회전의 위험이 없는 분산된 저비용 인덱스 포트폴리오를 구축하라.
- 시장의 유행과 과대 선전에 현혹되지 말고, 실질적으로 결과를 가져오는 투자법에 주목하라.
- 향후 10년 동안의 주식 수익에 대한 합리적인 예상을 하기 위해서는 주식 수익이 세 가지 요소(배당 수익, 기업 이익성장 및 시장 변동성 변화)로부터 창출된다는 것을 이해하라.
- 장기적으로는 비즈니스의 현실이 시장 기대치보다 우선한다는 것을 이해하라.
- 마법과 같은 복리 효과로 수익을 확보하는 동시에 투자 비용의 폭리를 방지하는 방법을 터득하라.

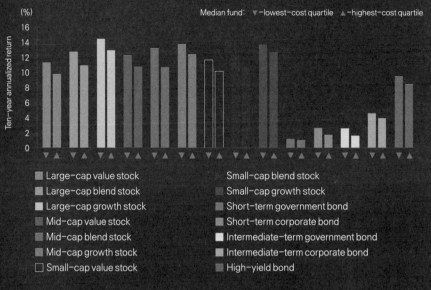

자료: 뱅가드(2018년 12월 31일 기준)

▶ 그림 3. 투자 비용의 장기 누적 충격

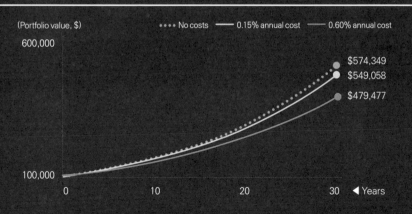

주: 이 그림은 30년 동안의 비용 영향을 나타내는 것이다. 가상 포트폴리오는 시작 가치가 10만 달러이며 매년 평균 6%씩 증가한다. 표시된 포트폴리오 잔액은 가상의 것으로 특정 투자를 반영하지는 않는다. 최종 계정 잔액에는 발생할 수 있는 세금이나 위약금이 반영되어 있지 않다. 비용은 총 수익에 영향을 미치는 한 가지 요소이다. 투자하기 전에 고려해야 할 제품 간에 다른 중요한 차이가 있을 수 있다.

자료: 뱅가드

존 보글 회장 ⓒVanguard

이러한 존 보글의 인덱스 펀드 투자 전략은 많은 찬사를 받아왔다. 가장 유명한 예 중의 하나는 워런 버핏의 존 보글에 대한 찬사이다.

워런 버핏은 보글의 장기 인덱싱 전략에 찬사를 보내며, 보글에 대해 "미국인 투자자에게 가장 큰 기여를 한 사람을 기리는 동상을 세운다면, 존 보글이 가장 확실한 선택일 것이다. 수십 년 동안 존은 투자자들에게 비용이 매우 저렴한 인덱스 펀드를 사라고 촉구해왔다. (…) 그리고 그는 최근 수백만 명의 투자자들이 다른 방법을 통해 얻은 수익보다 인덱스 펀드를 통해 훨씬 더 많은 수익을 실현할 수 있도록 도왔다는 것을 알고 만족하고 있다. 그는 그러한 일반적인 투자자뿐만 아니라 나에게도 영웅이다"라고 말한 바 있다.

또한, 보글은 우리가 투자 성공을 추구할 때, 향후 발생할 주식 및 채권 투자의 미래 수익률을 알 수 없다는 사실을 항상 상기시켜주었고, 인덱스 포트폴리오가 아닌 다른 방법으로 투자하는 미래 수익률 역시 절대 확신할 수 없다는 것을 환기하였다. 하지만 투자 시에 일반적인 투자자들이 마주하여야 하는 불확실성 속에서도 우리가 이미 알고 있는 투자의 금과옥조들은 많이 있다. 존 보글이 이야기하는 다음의 투자 상식들을 한번 생각해보기 바란다.

보글은 생전에 다양한 어록들을 남겼다. 영감을 주는 말들도 있었고, 사람들에게 영향력을 주는 말들도 있었다. 또한 교훈을 남기는 발언과 비판적인 발언들도 많이 남겼다. 그리고 분명한 목적과 힘을 가지고 현명하고 위트 있는 많은 명언들을 남겼다. 그의 많은 명언 중 쓸모없는 것은 거의 없다. 그의 유산과 전설은 다양한 방식으로 지속될 것이다. 그에게는 그의 사랑하는 가족과 함께 1975년 설립되어 전 세계의 투자 방식을 바꾼 회사인 뱅가드가 있다. 뱅가드는 보글의 지혜를 활용하여 투자자에게 최고의 서비스를 제공하며 투자자들의 성공적인 투자를 달성하도록 돕고자 한다.

*참고문헌: 존 보글, 《모든 주식을 소유하라》, 비즈니스맵, 2019.

〈이미 알고 있지만, 쉽게 간과하는 소중한 규칙들〉

- 우리는 가능한 빨리 투자를 시작해야 하고, 투자 시작 시점부터 정기적으로 계속해서 자금을 투입해야 한다는 것을 알고 있다.

- 우리는 투자에는 위험이 동반한다는 사실을 알고 있다. 그렇지만 우리는 투자를 하지 않으면 재정적인 실패에 처하게 된다는 점도 알고 있다.

- 우리는 주식 및 채권 수익률이 어디에서 비롯되는지 알고 있으며, 그것이 지혜에서 시작된다는 것을 안다.

- 우리는 완전히 분산 투자된 인덱스 펀드를 통해 개별 주식, 펀드 매니저 선정 및 투자 스타일 선택에서 오는 위험을 제거할 수 있다는 점을 알고 있다. 이러한 인덱스 펀드에서는 오직 시장 위험만이 남게 된다.

- 우리는 투자에 있어서 비용이 중요하다는 것을 알고 있고, 누적되는 비용은 장기적으로 막대한 금액이 될 수 있으므로 비용을 최소화해야 한다는 것을 알고 있다.

- 우리는 투자에 있어서 세금이 중요하며, 세금 역시도 합법적인 선 안에서 최소화해야 한다는 것을 알고 있다.

- 우리는 시장을 이기고 성공적인 마켓 타이밍을 꾸준히 달성할 수 있다는 것이 일반적으로는 불가능하다는 것을 알고 있다. 소수의 사람들에게만 가능한 투자법은 그 이외 다수의 투자자들에게는 효과적이지 않다.

- 마지막으로, 우리는 우리가 무지하다는 것을 알고 있다. 우리는 내일 세상이 어떻게 될지 확신할 수 없으며, 우리는 10년 후의 상황에 대해서는 더더욱 확신할 수 없다. 그러나 현명한 자산 배분과 합리적인 투자를 통해 우리는 투자 기간 동안 발생하는 불가피한 충격에 대비할 수 있으며 이를 통해 소기의 투자 목적을 달성할 수 있다.

오기석

뱅가드 한국 비즈니스 담당 상무로 뱅가드 홍콩 법인에서 근무하고 있다. 고려대학교에서 경영학 학사, 홍콩대학교(The University of Hong Kong)에서 MBA 학위를 받았으며, 국제 대체투자애널리스트(CAIA) 자격증을 가지고 있다.

뱅가드 합류 전에는 디렉시온 ETF의 아시아 법인에서 아시아 고객들을 대상으로 사업 개발, 캐피탈 마켓 및 ETF 상품 개발 업무를 수행하였다. 미래에셋자산운용 홍콩 법인 재직 시에는 홍콩 상장 ETF 및 퀀트 전략 펀드 운용역으로 글로벌 포트폴리오를 운용했다.

10년 이상의 ETF 관련 경력을 바탕으로 한 ETF와 패시브 전략 전문가이며, 글로벌 컨퍼런스 및 각종 방송 매체의 게스트 스피커로 투자자들에게 도움이 되는 메시지를 전달하고 있다. 은퇴 준비와 관련한 투자자 교육에 항상 깊은 관심을 가지고 있다.

Disclaimer

The contents of this document and any attachments/links contained in this document are for general information only and are not advice. The information does not take into account your specific investment objectives, financial situation and individual needs and is not designed as a substitute for professional advice. You should seek independent professional advice regarding the suitability of an investment product, taking into account your specific investment objectives, financial situation and individual needs before making an investment.

The contents of this document and any attachments/links contained in this document have been prepared in good faith. Please note that the information may have become outdated since its publication, and any information sourced from third parties is not necessarily endorsed by The Vanguard Group, Inc., and all of its subsidiaries and affiliates (collectively, the "Vanguard Entities").

This document contains links to materials which may have been prepared in the United States and which may have been commissioned by the Vanguard Entities. They are for your information and reference only and they may not represent our views. The materials may include incidental references to products issued by the Vanguard Entities.

Vanguard Entities accept no liability for any errors or omissions. The Vanguard Entities make no representation that such information is accurate, reliable or complete. In particular, any information sourced from third parties is not necessarily endorsed by the Vanguard Entities, and the Vanguard Entities have not checked the accuracy or completeness of such third party information.

The information contained in this document does not constitute an offer or solicitation and may not be treated as an offer or solicitation in any jurisdiction where such an offer or solicitation is against the law, or to anyone to whom it is unlawful to make such an offer or solicitation, or if the person making the offer or solicitation is not qualified to do so. The Vanguard Entities may be unable to facilitate investment for you in any products which may be offered by the Vanguard Group, Inc.

No part of this document or any attachments/links contained in this document may be reproduced in any form, or referred to in any other publication, without express written consent from the Vanguard Entities. Any attachments and any information in the links contained in this document may not be detached from this document and/or be separately made available for distribution.

The Vanguard Entities do not make any representation with respect to the eligibility of any recipients of this document to acquire the shares or units of any Vanguard financial and investment products therein under the laws of Korea, including but without limitation the Foreign Exchange Transaction Act and Regulations thereunder. The shares or units of any Vanguard financial and investment products have not been registered under the Financial Investment Services and Capital Markets Act of Korea, and none of the shares and units of any Vanguard financial and investment products may be offered, sold or delivered, or offered or sold to any person for re-offering or resale, directly or indirectly, in Korea or to any resident of Korea except pursuant to applicable laws and regulations of Korea.

Copyright, trademark and other forms of proprietary rights protect the contents of this document. You may not copy, publish and/or distribute any derivative works from the information from this document.

중국 시장의 투자 기회와 유망 ETF

글·조용준(하나금융투자 리서치센터장)

예상치 못했던 감염병 위협으로 전 세계가 혼돈에 빠졌지만, 장기 투자자에게 중국의 위기는 오히려 기회일 수 있다. 중국의 구조적 성장이 예견되고 있기 때문이다. 이러한 기회를 기다려왔던 투자자들을 위해 중국 투자 관련 ETF를 정리하여 소개한다.

중국의 2020년 상반기 위기는 장기 투자자에게는 기회

2020년 연초부터 '복병'으로 등장한 '코로나바이러스감염증-19' 사태로, 미중 무역 합의에 의한 중국 경기의 사이클 반등 예상 시점이 당초 예상보다 지연될 가능성이 커졌다. 금번 사태와 가장 유사한 상황을 보인 2003년의 '사스(SARS)' 사태 시기에는 1개 분기 구간의 경제성장률 충격과 이후 3~6개월에 걸친 경기 회복 과정을 보인 경험이 있다. 금번 코로나19 사태도 단순 비교는 어렵겠지만 경기의 급랭과 회복 패턴은 유사할 것으로 보인다. 이로 인해 중국의 1/4분기 경제성장률은 일시적으로 5%대 초반까지 하락할 것으로 예상되지만, 2003년 '사스' 사태에서도 그러하였듯이 연간으로 보면 경기 부양정책 대응 강화와 이에 따른 하반기 경기 회복이 전망된다.

특히, 중국 정부는 '백년대계(百年大計)'의 1차 목표로 2020년까지 '샤오캉 사회(小康社會)'를 완성해야 한다. '샤오캉 사회'란 '14억 인민의 부유와 부강한 사회주의 국가 건설'을 도모하기 위해 공산당 기치하에 추진되고 있는 프로젝트다. 2020년까지 GDP와 1인당 소득을 2010년의 2배로 달성한다는 구체적인 목표도 제시했다. 올해는 '샤오캉 사회' 건립과 '13차 5개년' 목표 달성 마지막 해라는 점에서 6% 성장 사수를 위한 정부의 적극적인 재정정책과 통화정책이 절실하다. 중국 정부는 2019년 연말 경제회의에서 이미 '디레버리징'과 '지방 정부 부채 문제' 문구를 삭제하고 경기 안정에 포커스를 맞춘 바 있다. 이에 따라 중국 정부는 5월 전인대까지 전반적인 경기 부양을 위한 강도 높은 압축 대응을 시작하고 경기 회복의 3대 드라이버(인프라 투자/수출 경기/재고 사이클)가 작동하는 2/4분기부터는 경기 회복의 시그널이 나타날 전망이다. 위기가 곧 새로운 투자의 기회라면 올 상반기 중국을 볼 필요가 있다.

중국의 내수 소비시장은 본격적인 성장 궤도에 진입

한편, 중국은 한국의 과거, 즉 우리의 경험을 투영하고 있다. 한중일의 내수 시장은 10년의 간격을 두고 변화하고 있으며, 우리가 걸어왔던 길처럼 현재 중국의 경제는 서비스 경제와 소비 트렌드가 주를 이루고 있다. 14억 인구를 기반으로 한 거대한 내수 시장이 중국의 경제성장을 영양분 삼아 중장기적 성장을 도모하고 있다. 2018년 중국의 최종 소비의 경제성장 기여율이 70%를 상회할 만큼, 이미 중국의 경제성장에서 소비와 서비스업이 상당 부분을 기여하고 있다. 게다가 기존 오프라인 소비에서 온라인 소비로 빠르게 변모하는 중국의 소비 트렌드는 소비 시장의 추가적인 성장 동인이 되고 있다.

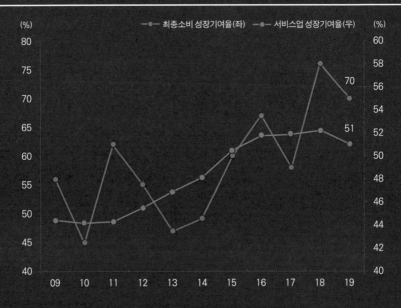

자료: CEIC, Wind, 하나금융투자

중국 금융시장 개방과 외국인의 주식 투자 유입 확대는 장기적인 추세

또 미중 무역 분쟁은 여러 파급 효과를 불러왔는데, 그중 가장 신속히 전개되고 있는 것이 중국의 금융시장 개방이다. 미국의 압박과 자체적인 필요성(부채 문제 완충과 금융산업 제고)에 의해 중국은 금융시장 개방을 가속화하고 있다. 이미 2019년 은행과 신용평가사의 외자 제한을 폐지했고, 2020년은 순차적으로 보험사-선물회사-운용사-증권사의 외국인 지분 투자 제한을 폐지할 계획이다.

이와 함께 '중국 금융시장의 개방'이라는 변화를 계기로 글로벌 투자자의 '중국 자산' 투자 확대가 예상된다. 현재 중국 주식시장에서 외국인 비중은 7%에 불과하다. 30~40% 비중을 보이는 한국 등 주요 국가와 비교할 때, 향후 10년간 연평균 300~600억 달러의 자금 유입이 예상되며, 2019년에도 약 600억 달러의 자금 유입이 있었다. 또 MSCI 신흥국지수에서도 장기적으로 중국 채권과 주식 투자 비중이 40~50%에 육박할 전망이어서 수급적으로 향후 10년간은 중국 주식에 대한 외국인의 매수 추세가 지속될 전망이다. 여러 가지 측면에서 2020년 중국 주식시장의 조정 과정은 장기 투자의 기회를 제공하고 있다는 판단이다.

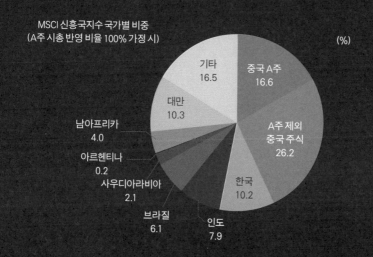

MSCI 신흥국지수 국가별 비중
(A주 시총 반영 비율 100% 가정 시)

(%)

기타 16.5
중국 A주 16.6
대만 10.3
A주 제외 중국 주식 26.2
남아프리카 4.0
아르헨티나 0.2
사우디아라비아 2.1
한국 10.2
브라질 6.1
인도 7.9

자료: 블룸버그, 하나금융투자

중국에 투자하고자 한다면 내수소비, 1등주, 온라인, 플랫폼 관련 ETF 유망

그렇다면 합리적인 중국 투자의 방법은 무엇일까? 필자의 지난 책《10년의 선택 중국에 투자하라》에서 이야기한 바와 같이 결론적으로 '내수 소비재 1등주에 대한 장기 투자'가 대안이라는 생각이다. 중국 정부는 향후 10년의 목표로 수출에서 내수로 성장동력을 바꾸고 '신도시화'와 '두 자녀 가정의 허용' 등 많은 내수 확장 정책을 실시하고 있다. 또 경제 구조상으로도 중국은 임금이 오르고 내수 소비력이 강해지는 단계에 접어들어, 과거 한국이나 미국 등 선진국의 경험을 볼 때도 내수 시장은 장

기적으로 커지는 추세이다. 그렇다면 미국의 코카콜라와 맥도날드, 월트디즈니, 아마존, 구글과 같은 중국 기업은 어디일까? 미국에서 워런 버핏이 하였듯이, 중국 소비재 1등주에 대한 장기 투자는 외국인 투자가 입장에서는 좋은 투자 대안이 될 수 있다.

한국 주식시장의 경험에서도 볼 수 있다. 지난 20년간 주가지수가 1000포인트에서 2000포인트로 두 배가 되는 동안 내수 1등 기업인 삼성화재와 롯데제과, 롯데칠성, 신세계, 농심, 현대자동차, 삼성전자와 같은 기업들은 수십 배에서 일백 배 가까운 주가 상승을 기록하였다. 이는 중국 시장 투자 방법의 아이디어를 준다. 구조조정 중인 중국에 대한 투자는 종합지수형 투자보다는 내수 1등주 섹터에 대한

투자가 정답이라 생각된다. 중국 내수 1등주들과 소비재 섹터 그리고 블루칩(1등주) 그리고 온라인과 플랫폼 섹터에 대한 ETF 투자는 저금리와 저성장에 놓여 있는 한국인들에게 향후 좋은 투자 대안이 될 수 있다.

이에, 투자자들이 눈여겨봐야 할 중국 관련 투자 유망한 ETF를 4개의 카테고리로 설명하였다. 우선 미국 시장과 홍콩 시장에 상장된 관련 ETF와 한국 시장에 상장된 ETF를 추가하였으니, 투자자들에게 많은 도움이 되길 바란다.

소비재								
거래소	코드	펀드명	상장일	보수율 (%)	AUM ($M)	구성 종목 수	수익률 (6M)	수익률 (1Y)
미국	CHIQ	Global X MSCI China Consumer Discretionary ETF	2009-12-01	0.65	163.47	68	24.65	22.82
홍콩	3173	Premia CSI Caixin China New Economy ETF	2017-10-20	0.50	106.97	251	31.56	42.23

중국 소비재 기업에 투자하기를 원할 때 대표적인 ETF로는 미국 증시에 상장된 CHIQ와 홍콩 증시에 상장된 '3173'이 있다. 한국 증시에는 중국 소비재 기업에 투자하는 ETF가 딱히 없다.

CHIQ에서 가장 큰 비중을 차지하는 기업은 '알리바바'로 10.7%의 비중을 차지하고 있으며 이어서 'JD닷컴'(7.81%), 'TAL에듀케이션그룹'(6.38%)이 많은 비중을 차지하고 있다.

CHIQ의 최근 1년 수익률은 22.82%로 S&P500지수보다 다소 낮지만 최근 6개월 수익률만 따지면 24.65%로 시장수익률(12.3%)을 크게 상회한다.

홍콩 증시에 상장된 중국 소비재 ETF '3173'은 '거리 전기기기'의 비중이 19.58%로 가장 크다. 이어서 '장쑤 헝루이 의약'(7.9%), '메이디 그룹'(4.01%)이 많은 비중으로 편입되어 있다. '3173'의 최근 1년 수익률은 42.23%로 상해종합지수 수익률(22.3%)을 크게 상회한다.

블루칩								
거래소	코드	펀드명	상장일	보수율 (%)	AUM ($M)	구성 종목 수	수익률 (6M)	수익률 (1Y)
한국	169950	KODEX 중국본토 A50	2013-01-21	0.99	66.31	53	1.46	18.63
한국	174360	KBSTAR 중국본토대형주CSI100	2013-06-04	0.65	29.55	101	0.59	19.22
미국	FXI	iShares China Large-Cap ETF	2004-10-08	0.74	4,618.29	52	9.69	(0.11)
미국	MCHI	iShares MSCI China ETF	2011-03-29	0.59	247.23	603	14.86	6.79
홍콩	2828	Hang Seng China Enterprises Index ETF	2003-12-10	0.65	3,123.39	50	6.77	(0.61)
홍콩	2823	iShares FTSE A50 China	2004-11-15	0.99	2,680.62	50	3.14	12.65

중국 우량대형주 ETF는 한국, 미국, 홍콩에 모두 상장되어 있다. 한국에는 삼성자산에서 운용하는 '169950'과 KB자산에서 운용하는 '174360'이 있다. 두 종목의 자산 규모는 각각 700억 원, 300억 원으로 크지 않다. '169950'은 중국 대표주 50개 종목에 투자하는 ETF이며 '174360'은 '핑안보험', '구이저우 모우타이', '초상은행' 등에 주로 투자하는 ETF이다. 최근 1년 수익률은 각각 18.6%, 19.2%이다.

미국 증시에 상장된 중국 블루칩 ETF로는 FXI와 MCHI가 있다. FXI에는 '텐센트 홀딩스'와 '건설은행', '핑안보험', '공상은행' 등이 많은 비중을 차지하고 있다. 반면 'MCHI'에는 알리바바가 18% 비중을 차지하고 있으며 이어서 '텐센트 홀딩스', '건설은행', '핑안보험', '차이나 모바일'이 큰 비중을 차지하고 있다. 최근 1년 수익률은 각각 -0.11%, 6.79%로 부진한 편이다.

홍콩에 상장되어 있는 중국 우량대형주 ETF로는 '2828', '2823'이 있다. '2828'에는 '텐센트 홀딩스' 비중이 11.77%로 가장 크고 이어서 '건설은행', '핑안보험', '공상은행' 순으로 편입되어 있다.

홍콩 증시의 중국 대형주 ETF '2823'은 '2828'과 달리 '핑안보험'의 비중이 13.4%로 가장 크다. 이어서 '구이저우 모우타이', '초상은행', '거리 전기기기', '싱예은행'이 많이 편입되어 있다. 지난해 수익률은 '2828'이 -0.61%, '2823'은 12.65%로 큰 차이를 보인다.

온라인									
거래소	코드	펀드명	상장일	보수율 (%)	AUM ($M)	구성 종목 수	수익률 (6M)	수익률 (1Y)
미국	KWEB	KraneShares CSI China Internet ETF	2013-07-31	0.70	2,655.66	46	33.69	17.39
	PGJ	Invesco Golden Dragon China ETF	2004-12-09	0.70	198.34	67	31.36	17.07
	CHIC	Global X MSCI China Communication Services ETF	2009-12-09	0.65	23.12	36	21.53	3.74
홍콩	3186	CICC KraneShares CSI China Internet HKD	2018-04-04	0.72	6.69	46	31.74	18.12

중국의 온라인 서비스 기업으로 구성된 ETF로는 미국 증시에 상장된 'KWEB', 'PGJ', 'CHIC'가 있다.

'KWEB'에는 '알리바바'와 '텐센트 홀딩스', '메이투완디엔핑', '바이두', 'JD닷컴'이 5% 이상의 비중으로 편입되어 있다. 최근 1년 수익률은 17.39%이며 특히 최근 6개월 수익률이 33.69%로 매우 우수하다.

'PGJ'에도 'JD닷컴'과 '알리바바', '바이두', '넷이즈', '트립닷컴'이 7% 이상 높은 비중으로 편입되어 있다. 수익률은 'KWEB'와 매우 유사하다.

'CHIC' 역시 구성 종목은 앞선 두 종목과 다소 차이가 있다. '텐센트 홀딩스' 비중이 9.8%로 가장 크고 이어서 '바이두', '차이나 모바일', '넷이즈', '중국 철탑'이 편입되어 있다.

홍콩 증시에 상장된 중국 온라인 서비스 ETF는 '3186'이다. '3186'에는 '알리바바' 비중이 9.74%로 가장 크고 이어서 '텐센트 홀딩스', '바이두', '메이투완디엔핑', 'JD닷컴'이 많은 비중을 차지하고 있다. '3186'의 최근 1년 수익률은 18.12%, 6개월 수익률은 31.74%로 미국 증시 상장 ETF와 유사하다.

4차산업								
거래소	코드	펀드명	상장일	보수율 (%)	AUM ($M)	구성 종목 수	수익률 (6M)	수익률 (1Y)
미국	CQQQ	Invesco China Technology ETF	2009-12-08	0.70	677.72	93	35.26	23.03
	PGJ	Invesco Golden Dragon China ETF	2004-12-09	0.70	198.34	67	31.36	17.07
홍콩	2845	Global X China Electric Vehicle ETF	2020-01-17	0.68	78.61	–	–	–

중국 4차 산업혁명 기업에 투자하기를 원한다면 미국 증시에 상장된 ETF 'CQQQ' 혹은 'PGJ'를 선택하면 된다. 'CQQQ'에는 '알리바바'와 '텐센트 홀딩스', '메이투완디엔핑', '바이두', '넷이즈' 등의 기업이 5% 이상 높은 비중으로 편입되어 있다. 지난해 수익률은 23.03%로 우수한 편이다.

'PGJ'에는 'JD닷컴'의 비중이 8.9%로 가장 크고 이어서 '알리바바', '바이두', '넷이즈', '트립닷컴'이 편입되어 있다. 최근 1년 수익률은 17.07%이다.

홍콩 증시에도 중국 4차 산업혁명 ETF가 2020년 신규 상장되었다. Global X에서 운용하는 '2845'이다. 상장된 지 얼마 되지 않아 아직 관련 정보는 확인하기 어렵지만 대체로 '알리바바', '바이두', '텐센트 홀딩스' 중심으로 구성되었을 것으로 추정한다.

조용준

하나금융투자 전무/리서치센터장. 상장협 자문위원, 금투협 중국자본시장연구회 부회장 등으로 활동하고 있다. 고려대 경영학과와 동 대학원을 졸업하고 신영증권 리서치센터에 입사해 기업분석과 가치투자를 익혔다. 대우증권 리서치센터 제조팀장으로 자리를 옮겨 일할 때는 〈3년의 선택, 3배의 주가〉라는 보고서를 작성하여 조선업종에 대한 장기 투자를 주장했고, 이후 실제로 10배 이상의 수익을 올려 증권가를 놀라게 했다. 2006년부터 신영증권 센터장을 맡으면서 중국 리서치팀을 구성하고, 2010년부터는 상하이 교통대 경제대학원에서 공부하며 중국 1등 기업을 분석하는 등 장기 투자를 위한 리서치를 주도했다. 2013년 하나금융투자로 자리를 옮긴 후에는 중국 내수 시장을 주도하는 1등 기업에 장기 투자하는 상품을 개발, 시장의 큰 호응을 얻었다. 또한 2016년에는 4차 산업 분야의 우량 글로벌 주식에 장기 투자하는 '4차 산업 1등주' 상품을 개발, 높은 수익률로 업계를 선도하는 저력을 보여주었다. 시장과 투자자가 오랜 시간 그에게 변함없는 신뢰를 보내고 있는 까닭이다.

저서로는 《4차 산업 1등주에 투자하라》, 《2025 경제 권력의 대이동》, 《한국의 개미들을 위한 워런 버핏 따라하기》, 《10년 후 미래를 약속하는 중국 내수 1등주에 투자하라》 등이 있다.

PART 2

저금리 시대의
교토삼굴(狡兎三窟)

글·정 규삼(삼성증권 리서치센터 수석연구위원)

저금리가 고착화된 상황에서 '안정성'과 '수익성'은 더 이상 대체관계가 아니다. 은행의 1%대 예금과 주식의 배당수익률 3%를 양손에 들고 저울질을 해야 할 때이다. 꾸준한 성과를 기대할 수 있는 수익자산을 찾을 수 있다면, 저금리 시대를 이겨낼 수 있는 비책을 갖고 있는 것과 매한가지이다.

#저금리 시대의 투자 전략 #REITs ETF

#배당주/우선주 투자 #고배당 ETF #금 ETF

#회사채/글로벌 채권 ETF

유대인들의 오랜 교훈: 탈무드의 1/3 투자법

　유대인의 경전인 《탈무드》에는 다음과 같은 가르침이 있다. "모든 사람은 자신의 돈을 세 부분으로 나누도록 하라. 1/3은 땅에, 1/3은 자신의 사업에, 그리고 마지막 1/3은 유사시를 대비하여 현금에*" 일명 '탈무드 분배법'으로, 매우 단순한 방법이지만 유대인들은 이미 2000년 전에 자신의 부를 지킬 수 있는 최적의 1/3 분산 투자법을 제시하였다.

* Babylonian Talmud, Baba Metzia 42a.

1/3 투자법을 곱씹어보면 현대인에게도 정확히 들어맞는 교훈이다. '땅'은 가장 확실하고 가치를 잃어버릴 일이 없는 자산이다. '땅'에서 받을 수 있는 지대는 (악덕 지주가 아니라면) 적지만 꾸준하게 받을 수 있는 수익원이다. 최소한 농사를 지어서 자신의 생계를 해결할 수 있는 밑천이다. '사업'은 본질적으로 고위험 고수익이다. 흥하면 대박을 칠 수 있지만 망하면 쪽박을 감수해야 한다. 마지막으로 '유사시를 대비한 현금', 또는 '유동성'은 예상치 못한 상황을 벗어날 수 있는 구명조끼이다. 일확천금과는 거리가 멀지만, 1/3 투자법은 느리지만 장기간의 경주에서 안정적으로 이길 수 있는 묘책이다.

　　자산 배분과 투자 전략 전문가로 유명한 로저 깁슨Roger Gibson은 자신의《자산배분론》* 저서에서 탈무드의 분배법을 현대적인 투자 수단으로 대체하여 운용 전략을 제시하였다. '땅'은 부동산 투자(깁슨은 '집'이 아니라 '리츠REITs'를 제안하였음)를 의미하며, '사업'은 주식 투자, 그리고 '유동성/현금'은 단기 채권으로 대입하였다. 지대 수입과 자본 수익, 그리고 이자 수익으로 자신의 부를 적절하게 배분하라는 조언이다.

전 세계적인 저금리 현상

　　TVN 드라마 〈응답하라 1988〉에서 택(박보검)의 바둑대회 우승 상금 5,000만 원을 두고 덕선아빠(성동일)는 "은행 금리가 15%인데 낮더

---

* Roger Gibson & C.J. Sidoni, Asset Allocation: Balancing Financial Risk, McGraw-Hill, 1989.

라도 은행에 넣어놓고 이자 받는 게 최고"라고 조언한다. 복리로 계산하면 불과 5년 만에 원금의 2배를 얻을 수 있는 셈이다. 은행 금리가 15%였던 시절이 불과 30년 전이다. 요즘 은행 예금 금리 1%와는 너무나 큰 격세지감이다. 시중 금리가 이렇게 낮아진 배경에는 여러 가지 이유가 있다.

한국의 GDP 성장률이 1980년대에는 두 자리 성장을 했지만, 1990년대 들어 10%를 밑돌았고, 2000년대 이후에는 5%를 넘기 힘들어졌다. 한국경제가 성숙해지면서 성장 속도가 둔화되고 투자 수요가 낮아지면서 자금 수요도 위축되었다. 결국 시중 금리가 낮아질 수밖에 없는 경제 환경이다.

그리고 고령화로 인해 노동 연령층이 줄어들고 노인층에 대한 부양 부담이 늘어나면서 사회 전반적으로 경제 활력이 약화되고 있다. 이미 초고령화 사회로 접어든 일본은 2000년대 중반부터 '0%' 금리 사회에 진입하였고, 가계는 은행보다 자기 집의 금고에 현금을 쌓아두는 현상이 비일비재하다고 한다. 저금리가 일시적인 현상이 아니라 구조적으로 고착화될 수밖에 없는 상황이다.[*]

더구나 2008년 금융위기 이후 전 세계적으로 금리를 낮추어 유동성을 풀고 경기를 진작시키려는 시도가 계속되었다. 미국 연준FRB만 하

---

[*] 한국은행 연구 자료에 따르면, 인구 고령화로 인해 우리나라 실질금리가 1995년에서 2018년 기간 동안 약 3% 하락하였다. 인구 고령화로 생존 기간이 늘어나면서 부족한 소득 때문에 소비가 감소하고 저축이 늘어났기 때문이다. "인구 고령화가 실질금리에 미치는 영향", BOK 경제연구, 2020년 1월 자료 참조.

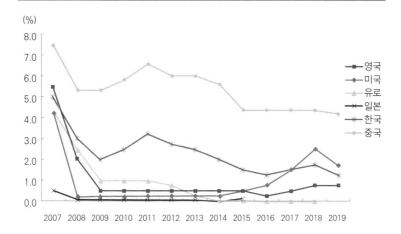

주: 매년 말 국가별 기준금리를 단순 누적함
자료: 한국은행 등

더라도 2007년부터 10번의 금리 인하를 시도해 불과 2년 만에 기준 금리를 5.25%에서 0.50%까지 떨어뜨렸고, 2019년에도 세 차례 금리 인하를 하였다. 심지어 일부 유럽권에서는 마이너스 금리까지 등장하였다. 자금을 빌려주는 채권자가 이자를 받는 것이 아니라 비용을 지불해야 한다. 그렇지 않아도 저금리가 정착되는 상황에서 중앙은행의 '금리 낮추기'는 인하 속도를 가속화시켰다.

은행 예금금리 1%에 투자하여 원금의 2배를 얻기 위해서는 70년을 기다려야 한다. 때문에 은행의 1%대 예금 이상으로 수익을 얻을 수 있는 자산이 있다면, 이제 적극적으로 눈을 돌려야 한다. 탈무드의 1/3 분배법에서 제시하는 것처럼 자산을 고르게 투자해야 하고, 느리지만 안정적인 수익을 기대할 수 있는 투자 수단을 찾아야 한다.

저금리 환경에서 유망한 투자 대상

저금리 시대에 은행 예금은 이제 자산 증식의 수단보다는 보관의 개념으로 바뀌고 있다. 지출 경비를 위한 자금 이상을 은행 예금에 넣어두는 것은 투자 기회를 저버리는 것과 마찬가지이다. 그렇다고 일확천금을 꿈꾸며 주식 투자에 무작정 뛰어드는 것은 본연의 사회생활에 상당한 차질을 빚을 수 있다. 저축 개념을 이제 바꿀 필요가 있다. 안정적으로 수익이 발생하는 자산을 발굴하여 적금 방식(적립)이나 투자 방식(매수 후 보유)으로 접근해야 한다. 각기 고유한 매력을 가진 자산으로 '탈무드 1/3 분배법'을 실천하는 것을 추천한다. 계란을 한 바구니에 담지 말라는 말도 있지 않은가.

1) REITs를 통한 부동산 투자

REITs는 'Real Estate Investment Trusts'의 약자로, 말 그대로 실물투자기구이다. 투자자들로부터 자금을 모집해서 부동산이나 부동산 관련 유가증권 등에 투자하고 수익을 투자자들에게 배당하는 구조이다. 쉽게 보면 부동산 투자를 실물이 아닌 펀드로 하는 구조이다.

실물자산 보유자 입장에서는 자산을 리츠에 넘기고 자금을 확보할 수 있으며(자산유동화), 투자자 입장에서는 소액으로 부동산 수익을 얻을 수 있다(간접투자). 2019년 말 현재 한국거래소KRX에 상장되어 있는 리츠는 모두 7개이다. 리츠는 투자 대상에 따라 수익 원천이 다양하다. 유통업에 투자하는 리츠는 점포 수익과 임대 수익 등을 얻을 수 있다.

코드	종목	시가총액(10억 원)	상장 시기	'18년 배당수익률
A338100	NH프라임리츠	113	2019년 12월	–
A330590	롯데리츠	1,059	2019년 10월	–
A293940	신한알파리츠	362	2018년 8월	2.06%
A088260	이리츠코크랩	430	2018년 8월	6.04%
A204210	모두투어리츠	24	2016년 9월	2.63%
A145270	케이탑리츠	43	2012년 7월	1.74%
A140910	에이리츠	24	2011년 7월	6.39%

자료: KRX, Quantiwise

호텔이나 리조트에 투자하는 리츠는 임대 수익과 개발 차익을 장기간 얻을 수 있다. 물류센터에 투자하는 리츠는 물류기업과 도소매업자로부터 창고 임대 수입을 받아 투자자에게 돌려줄 수 있다. 일반적으로 임대 수익은 시장이자율을 웃도는 수준으로 형성된다. 따라서 리츠에서 임대 수익을 모아 투자자에게 지급하는 배당 수익은 시장 이자율보다 높은 수준을 기대할 수 있다. 또한 개발 수익이 긍정적일 경우에는 리츠 가격 자체가 상승할 수 있어, 자본 차익도 기대할 수 있다.

리츠와 유사한 개념으로 사회간접 기반 시설(인프라)에 투자하여 임대 수익을 얻는 인프라 펀드가 있다. 투자자로부터 자금을 모아 고속도로나 항만 개발에 투자하여 통행료나 사용료를 투자자들에게 배당으로 지급하는 구조이다. 인프라 속성상 수년에서 수십 년간 안정적인 수익을 확보할 수 있다.

코드	종목	순자산 총액 (100만 원)	상장 시기
A181480	KINDEX 미국다우존스리츠 ETF (합성 H)	8,428	2013년 8월
A182480	TIGER 미국MSCI리츠 ETF (합성 H)	86,119	2013년 10월
A316300	KINDEX 싱가포르리츠 ETF	18,161	2019년 1월
A329200	TIGER 부동산인프라고배당 ETF	120,137	2019년 7월

자료: 한국거래소

리츠나 인프라 펀드는 장기간에 걸쳐 꾸준하게 배당금을 받을 수 있다. 실제 건물을 갖고 있지 않으면서도 건물주처럼 꼬박꼬박 임대 수익을 받기 때문에, 비교적 안정적인 투자 수단이다. 개별 리츠나 인프라 펀드마다 특성과 장점이 존재하지만, 리츠 ETF는 리츠를 포트폴리오로 묶어 투자할 수 있는 유용한 금융상품이다.

국내에서는 아직 거래소에 상장된 리츠가 많지 않아 국내 리츠를 대상으로 한 리츠 ETF가 희소한 편이다. 한편 해외 REITs 지수를 추적하는 ETF가 다수 상장되어 있다. 해외의 수십 개 리츠로 구성된 Index를 추적하는 ETF로 장기간 시장의 검증을 받았다는 점에서 해외 리츠 투자의 선택지로 손색이 없다.

2) 배당수익률 높은 주식(배당주)

주식회사가 배당을 주주에게 나누어준다는 것은 영업활동으로 창출한 이윤을 주주와 공유한다는 의미이다. 미국 애플사는 2013년부터 2018년까지 연평균 120억 달러에 달하는 배당금을 지급하였다. 같은 기간 애플사의 순이익은 연평균 470억 달러였다. '주주 환원' 정책의 대명사로 애플사를 꼽는 이유이다. 그만큼 순조로운 매출과 높은 영업이익을 달성한 결과이다.

최근 들어 국내에서도 대기업 중심으로 주주 환원 정책을 적극적으로 펼치고 있다. 기업의 성과를 주주와 공유하겠다는 의미이며, 이를 통해 우호적인 주주를 많이 확보하여 경영의 안정성을 유지하려는 기업의 의지가 반영되어 있다. 배당이나 자사주 매입을 늘리고 경영 현황을 투명하게 공개하여 주주의 성원을 받는 경영 정책이다.

배당을 꾸준하게 하는 기업이라면, 설상 주가가 제자리에 머물러 있더라도 주주는 배당금만큼 수익을 올리는 것이다. 따라서 배당수익률(배당금/주가)이 높을수록 투자자 입장에서는 주가가 부진하더라도 배당으로 만회할 수 있다. 배당수익률이 높은 기업은 내부유보 현금이 많고 안정적인 성과를 꾸준하게 이루는 경우가 많기 때문에, 고배당 기업들은 대체로 주가 변동 폭이 크지 않은 편이다.

주식의 배당금과 채권의 이자는 비슷한 면이 있다. 연례적으로 지

▶ **표 3. 주요 기업 보통주와 우선주 2019년 연간 주당배당금 지급 현황**

종목	보통주	우선주	종목	보통주	우선주
삼성전자	1,416원	1,417원	LG화학	2,000원	2,050원
현대차	4,000원	4,100원	SK	4,000원	4,050원

주: 현대차 우선주는 2우선주(A005387) 기준
자료: 한국거래소

급되고, 비교적 안정적이다. 때문에 투자자 입장에서는 주식과 채권의 투자수익률을 배당수익률과 이자율로 비교하기도 한다. 배당수익률이 이자율보다 높다면 일정한 위험을 감수하더라도 주식 투자가 효과적이며, 이자율이 배당수익률보다 높다면 안정적인 채권 투자가 유리하기 때문이다. 따라서 금리가 낮아질수록 배당 투자는 효과적인 투자 대안이다. 기업의 안정성과 높은 배당수익률을 갖춘 고배당 기업이 저금리 환경에서는 상대적으로 안정적인 투자 대안이 될 수 있다.

같은 기업에서도 배당금을 더 받을 수 있는 주식이 있다. 바로 '우선주'이다. 우선주는 주주총회에 참석하여 의결권을 행사할 수 없는 대신 의결권이 있는 보통주보다 높은 배당금이 책정된다. 다만 의결권이 없기 때문에 보통주보다 주가는 낮게 형성되기 마련이다. 배당 투자로는 우선주가 매력적이지만 거래량이 적어 원활하게 매매하기 어려운

▶ 표 4. 고배당 ETF 현황(2019년 말)

코드	종목	순자산 총액(100만 원)	편입 종목
A161510	ARIRANG 고배당주	311,514	32
A315960	KBSTAR 대형고배당10 TR	237,433	11
A325020	KODEX 배당가치	138,338	151
A270800	KBSTAR KQ고배당	69,597	79
A279530	KODEX 고배당	61,269	51
A210780	TIGER 코스피고배당	48,634	51
A322410	HANARO 고배당	30,432	30,432

주: 순자산 총액 300억 원 이상
자료: 한국거래소

종목도 많다.

일반인이 개별 기업의 고배당 여부를 직접 확인하기에는 정보가 부족한 편이다. 이때 활용할 수 있는 상품이 고배당 ETF다. 고배당 기업들로 구성된 주식 포트폴리오를 ETF로 설정하였다. 연기금 등 장기적으로 안정적인 투자를 원하는 투자자 입장에서는 고배당 주식을 선호하는 편이다. 우량 종목 중심으로 고배당주를 선별하기 때문에, 주가 상승에 따른 자본 차익을 얻을 수 있는 것도 고배당 ETF의 장점이다. 고배당 ETF를 기관투자자들이 선호하는 이유이다.

고배당 ETF 역시 편입 종목의 배당금을 투자자에게 분배한다. 통상 4월 말 기준으로 분배금을 지급하기 때문에, 4월 말 분배락(분배금 받을 권리가 소멸되는 시점) 이전에 ETF를 매입한다면 분배금을 지급받을 수 있다. ARIRANG 고배당주 ETF는 2020년 4월 말에 1주당 470원의 분배금을 지급하였으며, 4월 말 주가 8,780원 기준으로 배당수익률은 5.3%에 달한다.

3) 금과 고이율 채권

저금리로 시중에 돈이 많이 풀려 있으면 화폐 가치는 그만큼 떨어진다. 월급은 정해져 있는데 장바구니에 담을 수 있는 물건은 점점 줄어든다. 부동산은 급등하고 수익이 조금이라도 날 수 있는 자산으로 돈이 몰려다닌다. 심지어 제로금리 또는 마이너스 금리까지 회자되고 있어, 여러 자산 가격에 거품이 끼는 것은 당연한 이치이다. 만일 경기가 주저앉거나 자산 가격의 거품이 빠지기 시작하면 자산 시장은 상당한 혼란에 휩싸일 수밖에 없다.

탈무드에서도 조언하였듯이, 유사시에 대비할 수 있는 유동성을 확보해야 한다. 미국 달러화조차도 미국 중앙은행의 연이은 금리 인하와 막대한 통화 공급으로 예전만큼 안전하다고 장담하기 어렵다. 장기적으로 가치가 안정적인 자산을 확보할 필요가 있다.

세계에서 가장 큰 헤지펀드 대표인 레이 달리오Ray Dalio는 낮은 금리가 가져올 경제적 폐해를 우려하면서 모든 사람들이 자신의 포트폴리오에 금을 편입해야 한다고 주장했다.* 금은 세계 어느 곳에서나 가치 저장 수단으로 활용할 수 있으며, 가치 변동이 상대적으로 크지 않은 편이다. 저금리로 화폐 가치가 절하되는 시기에 금은 화폐 가치 하락분을 보상받을 수 있는 대표적인 자산이다.

골드바Bar와 같은 실물에 투자하는 방법도 있지만, 보관과 세금 문제가 부담스러운 것이 사실이다. 거래소에 상장되어 있는 금 ETF는 해외 시장에서 거래되는 금 선물 가격을 추적하는 ETF로서 글로벌 시세를 반영하고 있다.

한편 금의 단점은 갖고 있다고 해서 이자나 배당을 주지 않는다는 것이다. 그야말로 유사시를 대비하는 자산이다. 유사시를 대비하기 위해 현금을 그냥 보유하는 것보다는 이자가 나오는 채권에 투자하는 것도 생각해볼 만하다. 특히 수익성을 고려한다면, 이자율이 상대적으로 높은 우량 회사채나 해외 채권을 투자하는 것도 하나의 방법이다.

---

* 레이 달리오, 《원칙(Principles)》, 한빛비즈, 2018년.

▶ 표 5. 금 등 귀금속 ETF 현황(2019년 말)

코드	종목	순자산 총액(100만 원)	환헤지 여부
A132030	KODEX 골드선물(H)	125,393	헤지
A319640	TIGER 골드선물(H)	5,744	헤지
A144600	KODEX 은선물(H)	89,171	헤지
A139320	TIGER 금은선물(H)	5,055	헤지

주: '선물'은 뉴욕상품거래소에서 거래되는 금/은 선물가격을 추종함을 의미
자료: 한국거래소

물론 일반 투자자들이 회사채나 해외 채권을 투자하는 것은 만만치 않은 일이다. 한국거래소에서 거래할 수 있는 우량 회사채와 해외 채권 ETF가 대안이다. 소액으로 투자가 가능하면서 언제든지 현금화가 가능하다.

참고로 2019년에 보험사가 가장 많이 매입한 ETF가 KODEX 종합 채권(AA-이상) 액티브 ETF이다(연간 5,110억 원 순매수). 신용등급 AA-이상 우량채를 대상으로 ETF 운용사가 재량적으로 종목을 편출입하는 전략(액티브)을 구사하는 ETF다. 장기 투자기관인 보험사 입장에서 안전자산이면서 이율이 상대적으로 높은 회사채 ETF를 선호한 것으로 보인다.

리츠·부동산과 고배당주, 그리고 금·고이율채권 등을 일컬어 'Income 자산'이라고 부른다. 주식은 주가 등락에 따른 자본 차익을 얻는 자산인 반면 'Income 자산'은 채권처럼 상대적으로 안정적이면서 주기적으로 수입(임대료, 배당, 이자)을 받을 수 있는 자산이다. 저금리

▶ 표 6. 회사채/글로벌 채권 ETF 현황(2019년 말)

코드	종목	순자산 총액(100만 원)	가격
A273130	KODEX 종합채권(AA-이상) 액티브	1,257,932	108,060원
A136340	KBSTAR 중기우량회사채	101,316	104,480원
A336160	KBSTAR 금융채액티브	64,402	100,655원
A239660	ARIRANG 우량회사채50 1년	10,683	106,815원
A329750	TIGER 미국달러단기채권	151,418	9,850원
A182490	TIGER 단기선진하이일드(합성H)	27,517	11,930원
A332620	ARIRANG 미국장기우량회사채	22,751	95,070원
A332610	ARIRANG 미국단기우량회사채	22,029	95,900원

주: '액티브'는 펀드매니저가 재량으로 운용하여 성과를 추구하는 전략을 의미. 순자산 총액 100억 원 이상 ETF를 대상으로 함.

자료: 한국거래소

환경에서 안정적으로 장기간 수입을 받을 수 있는 창구가 있다면, 그야말로 든든하게 비빌 수 있는 언덕을 마련했다고 볼 수 있다. 'Income 자산'에 투자할 수 있는 ETF가 다수 한국거래소에 상장되어 있기 때문에, 이제 골라 담는 일만 남았다.

벌 수 있을 때 최대한 벌어들여야

통계청에서 발표한 "2016년 국민이전계정(2019년 12월 발표)"에 따르면, 우리나라 국민의 연령대별 '생애주기 손익'은 27세까지 적자를 보이다가 27세 이후 흑자로 돌아서고 59세 이후에는 다시 적자를 기록한다. 27세 이전의 유년층은 성장과 학습을 위해 지불하는 비용이 크고 59세 이상 노년층은 줄어든 소득에 비해 보건과 소비 등 지출 비용이 늘어나기 때문이다. 소득이 소비보다 많은 시기인 27세부터 58세까지 중에서 41세에 순소득이 최대를 기록하는 것으로 통계청은 분석하였다.

▶ **그림 2. 1인당 생애주기 손익**

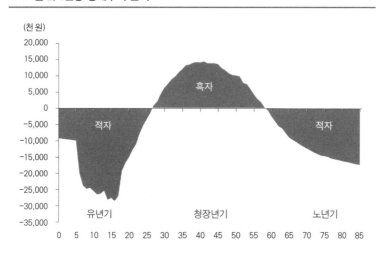

주: 이해 편의를 위해 통계청의 차트를 역전하였음.
자료: 통계청, "2016년 국민이전계정", 2019년 12월 발표.

통계청의 자료에서 소득은 노동소득과 자산 재배분으로 구분되고, 자산재배분은 자본, 토지 등을 포함한다. 노동소득은 한창 일할 나이인 41세에 정점을 찍고, 자산 재배분의 경우 어느 정도 부를 축적한 52세가 최고를 기록한다. 노동연령층인 27세부터 58세까지 30년 동안 벌어 자식과 부모를 부양하는 구조이다.

사회 초년생으로 자산이 부족한 청년층은 노동소득에 의존해야 한다. 절약과 저축으로 자산을 불려나가기에는 워낙 낮은 금리 때문에 은행만 믿기에는 한계가 있다. 자산을 어느 정도 모은 중장년층 역시 노후 소비를 위해 노동소득 이외의 수익원을 확보하고 있어야 한다. 노동연령층 입장에서는 곳간을 채우기 위해 근면함과 더불어 세상 돌아가는 이치를 깨닫는 영특함도 필요한 시기이다.

부자 아빠의 투자 습관

부자 아빠가 되는 방법은 여러 가지이다. 비용 대비 효과가 높은 투자 방법 중에 하나가 앞서 제시한 'Income 자산' ETF다. 리츠로 구성된 부동산 ETF는 리츠의 안정적인 수익을 추구한다. 배당을 많이 주는 주식은 그만큼 보유 현금이 풍부하고 기업 경영이 안정적이라고 볼 수 있다. 우선주나 배당주 ETF는 배당수익률에 초점을 맞춘 ETF이다. 국채나 회사채는 채권 이자를 얻을 수 있는 자산이다. 직접 채권을 사기에는 워낙 큰돈이 들어가지만 채권 ETF는 소액으로 채권을 투자할 수 있다.

'Income 자산' ETF를 적립식으로 투자하는 것이야말로 저금리 환경에서 부자 아빠가 선택할 수 있는 습관 중에서 훌륭한 대안이다.

교토삼굴의 지혜

'교토삼굴狡兎三窟'이란 고사성어는 "영리한 토끼는 도망갈 3개의 굴을 준비한다"는 뜻이다. 《사기史記》 맹상군열전에 등장하는 말로, 풍환이라는 지략가가 맹상군에게 기지를 발휘하여 재난이 닥치기 전에 미리 위기에서 벗어날 수 있는 대안을 마련한 사례에서 유래하였다. 저금리는 지난 수십 년간 경험해보지 못한 사태이다. 물가상승률을 따져보면 은행에 예금하는 것이 더 이상 남는 장사가 아니다. 연금생활자는 물론 이제 사회생활을 시작하는 청년도 더 이상 자신의 소득을 은행예금에만 맡길 수 없는 지경이다. 저금리 환경에서는 리츠나 배당주, 그리고 채권 등을 손쉽게 투자할 수 있는 ETF 상품에 고르게 분배하는 것이 유사시를 대비할 수 있는 3개의 굴이다.

"바르게 처리하는 데에 단 하나의 방법만이 있듯이,
바르게 보는 데에도 단 하나의 방법만 있다.
그것은 전체를 보는 것이다."

-존 러스킨John Ruskin

전 균

삼성증권 리서치센터 수석연구위원. 파생상품 및 ETF시장 분석을 담당하고 있다. 1996년부터 증권업계에 몸담았으며, 교보증권과 동양종합금융증권(현 유안타증권)을 거쳐 현재의 삼성증권에서 파생상품 애널리스트로 활동하고 있다. 경제지의 베스트애널리스트(파생상품) 상을 수차례 수상하였으며, 국내 파생상품과 ETF시장의 태동과 성장에 중추적인 역할을 한 것을 인정받아 금융위원회와 한국거래소 등을 통해 다수의 공로상을 받았다. 중앙대학교 경제학과 석사학위를 받았다.

손실 폭 줄여주는
'안정성 전략'에 집중하라

글·김춘길(하나금융투자 리서치센터 애널리스트)

우리는 지난해 미국 증시의 큰 상승세를 경험하기도 하였지만, 2020년 팬데믹 이후 유례없는 증시 변동성의 시대를 맞이하게 되었다. 앞으로 경기와 증시가 어떻게 맞물려 흘러갈 것인지는 정확히 예측하기 힘들 수 있지만 투자자들은 경기 하강과 상승의 경우를 모두 대비하여야 한다. 이때 가장 안정적이면서도 효과적인 투자 전략으로서 '경기 방어주'에 투자하는 것에 대해 소개한다.

#파생형 ETF #콜 옵션&풋 옵션 #커버드콜 ETF
#경기방어주 #증시가 하락하여도 손실이 없는 펀드
#버퍼 ETF

중위험, 중수익 투자로 안내하는 구조화 파생 ETF

이미 우리 생활 속에 들어와 있는 파생상품

우리나라 증시에 상장되어 있는 450개 ETF 중에서 가장 거래가 많은 종목은 무엇일까? 바로 KODEX 레버리지 ETF이다. 한 번이라도 ETF 매매를 해본 투자자라면 KODEX 레버리지 ETF를 모르기란 어려울 것이다. 코스피 지수를 2배 수익률로 추종하는 KODEX 레버리지 ETF는 일평균 매매량이 3,000억 원으로, 혼자서 전체 ETF 시장 거래량의 20%를 차지하고 있기 때문이다. KODEX 레버리지 ETF에 이어 두 번째로 거래가 많은 종목은 역시 2배 수익률을 제공하는 KODEX 코스닥150 레버리지 ETF이다. 이어서 세 번째, 네 번째로 거래가 많은 종목은 각각 KODEX 코스닥150선물 인버스 ETF와 KODEX 200선물인버스2X ETF이다.

2개의 레버리지 ETF와 2개의 인버스 ETF, 한국 ETF시장에서 가장 많은 투자자들이 몰려 있는 이들 4개 종목들 사이엔 공통점이 하나 있다. 바로 이들 ETF들이 모두 파생형 ETF라는 점이다. 파생형 ETF란 선물, 옵션 같은 파생상품을 이용해 설계된 ETF를 말한다.

주식 투자를 오래해온 투자자들이라도 선물, 옵션 같은 파생상품에는 거리감을 느끼는 분들이 많을 것이다. 일단 상품 구조가 복잡해서 이해하기 어렵고, 또 파생상품의 특성상 투자 원금을 전액 손실 볼 수도 있을 만큼 위험하기 때문에 일반투자자들이 접근을 꺼리는 것이 사실이다. 일반적 관점으로는 파생상품이 위험하다는 선입견이 틀린 것은 아니다. 지난해 시장을 떠들썩하게 했던 해외금리 DLF나 그 이전 2008년의 KIKO 사태 모두 파생상품이 얼마나 위험한지 보여주는 좋은 사례들이다. 하지만 여기서 한 가지 알아두어야 할 점이 있다. 파생상품은 애초 시장의 위험을 차단하기 위한 목적으로 등장한 금융 기법이라는 점이다.

파생상품의 역사와 관련해 한 곡물 매매상의 예를 들어볼까 한다. 이 상인은 매년 쌀이 수확되면 농부로부터 쌀을 사들여 시장에 내다파는 일을 하는 사람이다. 그런데 이 사람을 고민하게 만드는 문제가 하나 있었다. 바로 농산물 가격은 공산품과 달리 기후 변화의 영향을 너무 많이 받는다는 점이다. 이 문제를 고민하던 상인은 한 가지 대책을 고안했는데 바로 쌀이 수확되기 이전에 미리 필요한 가격으로 매매를 해두는 방법이다. 상인은 쌀을 거래하기 이전에 매매가 성립되었다는 증거로 물표라는 것을 만들어 시장 상황에 맞게 사거나 팔도록 했다. 만약 올해 풍년이 들어 쌀값이 떨어질 것 같으면 미리 물표를 팔고 반대로 쌀값이 오를 것 같으면 미리 물표를 사들여 가격 등락의 위험을 피할 수 있었다고 한다. 세계 최초의 선물시장으로 평가되는 일본 오사카 쌀시장과 거상 요도야 가문에 대한 이야기이다.

이처럼 파생상품이란, 원래 투자의 위험을 경감시키기 위한 아이디어로부터 만들어진 금융상품이다. 그런 만큼 지나치게 경계심을 가지거나 상품 성격에 대해 오해할 필요는 없다. 앞서 레버리지와 인버스 ETF의 예를 들었듯 우리는 이미 알게 모르게 파생상품을 경험하고 있지 않은가.

커버드콜 ETF는 주가지수를 매수하고 콜 옵션을 매도하는 구조

지금부터 소개하려고 하는 2개의 구조화 파생 ETF 역시 투자의 위험을 줄이기 위한 목적으로 운용되는 종목들이다. 바로 커버드콜 ETF와 버퍼 ETF에 대한 얘기이다. 커버드콜은 사실 금융시장에서 이미 잘 알려진 전략이다. 미국 등 금융선진국뿐 아니라 국내에서도 커버드콜 펀드들은 수년 전부터 여러 종류가 판매되고 있다. 커버드콜 전략을 이해하기 위해서는 먼저 옵션에 대해서 가볍게 알아두는 것이 좋을 것 같다. '옵션'이라는 단어의 사전적 의미는 다들 알다시피 '선택권' 정도로 생각하면 된다. 금융시장에는 2개의 옵션이 있는데 '콜call 옵션'과

'풋put 옵션'이다. 콜 옵션은 나중에 내가 원하는 가격에 자산을 매수할 수 있는 권리, 풋 옵션은 반대로 내가 원하는 가격에 매도할 수 있는 권리이다. 다음 그림을 통해서 살펴보면 이해가 쉬울 것이다.

[그림 1]은 콜 옵션을 매수했을 때 내 계좌에 생기는 손익을 보여준다. 파란색 선인 KOSPI200지수가 현재 300이고 내가 다음달에 KOSPI200을 300에 살 수 있는 콜 옵션을 매수한 상황이다. 만약 한 달 사이 KOSPI200지수가 330까지 상승한다면 나에겐 이익일까, 손해일까? 당연히 이익이다. 330까지 상승한 KOSPI200지수를 300에 매수할 수 있기 때문이다. 그러면 반대로 KOSPI200지수가 270까지 하락하면 어떻게 될까? 이번엔 손해일까? 그렇지는 않다. 270까지 떨어진 지수를 굳이 300에 매수하지 않고 권리를 포기해버리면 되기 때문이다. 즉, 콜 옵션을 매수한 사람은 기초지수가 상승하면 이익이고

▶ 그림 1. 콜 옵션 매수 시 수익 구조

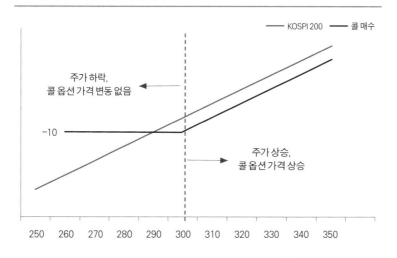

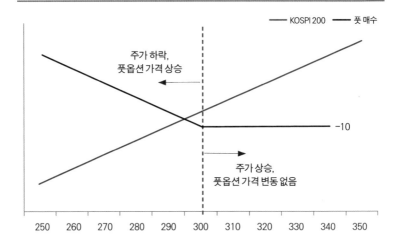

하락해도 손해가 없는 것이다. 그렇다고 무작정 콜 옵션을 매수하는 것이 능사는 아니다. 왜냐하면 옵션을 매수할 때 비용을 지불해야 하기 때문이다. [그림 1]을 자세히 살펴보면 주가지수가 하락했을 때 콜 매수자의 손익은 -10을 가리키고 있음을 알 수 있다. 바로 콜 옵션을 매수할 때 지불한 금액인 것이다. 이렇게 본다면 기초지수가 330으로 상승했을 때도 내가 얻을 수 있는 이익은 30이 아닌 20이라고 말하는 것이 정확할 것이다.

풋 옵션을 매수하면 정반대 상황이 발생한다. [그림 2]는 KOSPI200지수를 300에 매도할 수 있는 풋 옵션을 매수한 상황을 보여준다. 만약 한 달 후 기초지수가 270으로 하락하면 나에게는 당연히 이익일 것이다. 시장가격보다 더 높은 가격에 매도할 수 있기 때문이다. 하지만 이 경우에도 풋 옵션을 매수하는 비용이 발생하기 때문에 나의

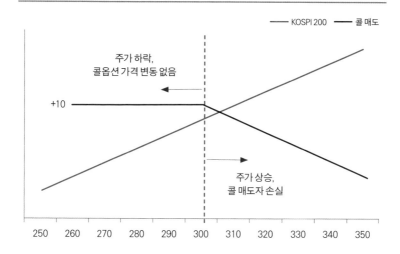

이익은 30이 아닌 20이 될 것이다.

　양자 간의 계약 거래인 옵션은 매수할 수 있다면 매도할 수도 있다. 만약 내가 콜 옵션을 매도했다면 이번에는 나에게 어떤 일이 생기게 될까? KOSPI200지수가 330까지 상승했는데 나에게서 콜 옵션을 매수한 사람은 나에게 기초지수를 300에 팔 것을 요구할 것이다. 나는 기초지수를 330에 구해와서 콜 옵션 매수자에게 300에 팔아야 하기 때문에 주가지수가 상승하면 할수록 손해이다. 반대로 주가지수가 하락한다면 나는 아무것도 할 필요가 없고 콜 옵션을 매도한 가격 10이 남기 때문에 이익이라 할 수 있다. [그림 3]은 주가지수가 상승하면 나의 손실이 커지고 주가지수가 하락하면 콜 매도 금액이 나에게 남는 구조를 보여준다.

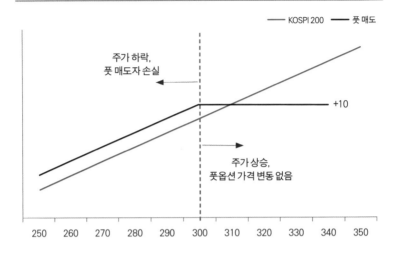

자, 그러면 지금 소개하고자 하는 주제인 커버드콜 ETF란 무엇일까? 주가지수를 따라 움직이는 기존 평범한 펀드에 콜 옵션 매도를 추가한 구조가 바로 커버드콜 전략이다. 알고 보면 상당히 단순한 구조이다. 바로 위에서 보았던 [그림 3]의 검은 선과 파란색 선을 합성해주면 그것이 바로 커버드콜 펀드의 손익구조가 되는 것이다. 주가지수가 상승하면 커버드콜 ETF도 상승하게 될 것이다. 하지만 주가지수가 10% 상승한다고 해서 커버드콜 ETF 또한 10% 상승하지는 못한다. 콜 옵션 매도를 했기 때문에 주가지수가 상승할수록 그만큼 손실을 반영해줘야 하기 때문이다. 반대로 주가지수가 하락한다면 커버드콜 ETF도 따라서 주가지수와 비슷한 수준의 하락을 하게 된다.

[그림 5]는 현재 미국 증시에 상장된 가장 대표적 커버드콜 ETF인 Invesco S&P500 BuyWrite ETF$_{PBP}$의 최근 5년 가격 변동을 보여주

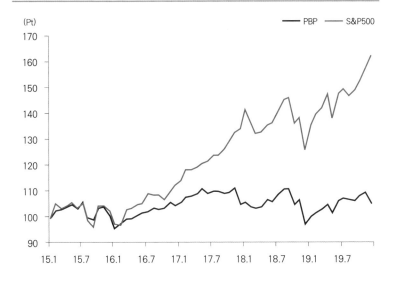

는 그래프이다. PBP는 미국 증시 S&P500지수를 매수하고 1개월 만기의 콜 옵션을 매월 매도하는 구조로 운용되는 ETF이다. 콜 옵션 매도 규모는 보유한 주가지수의 가격 상승 폭을 상쇄할 수 있는 규모로 흔히 델타헤지라고 불리는 기법을 따르고 있다. 이것이 의미하는 것은 앞선 [그림 3]과 같이 보유하고 있는 주식의 가격이 상승해도 매도한 콜 옵션의 손실이 그 상승분을 거의 정확하게 메워버린다는 뜻이다. 알다시피 최근 수년 동안 글로벌 증시는 큰 폭으로 상승했고 특히 미국 증시의 상승 폭이 두드러졌다. S&P500지수 역시 그림에서 보듯 5년 동안 70% 가까이 급상승했다. 하지만 커버드콜 ETF PBP는 같은 기간 가격 상승이 별로 없었다. 매도한 콜 옵션에서 발생한 손실이 보유한 주식의 상승 폭을 상쇄했기 때문이다. 이 결과만을 본다면 상당

히 실망스럽게 보일 수 있겠지만 이것이 바로 커버드콜 전략인 것이다.

매월 꾸준한 분배금이 들어오는 커버드콜 ETF

앞서도 말했듯 커버드콜은 주가지수가 상승하는 구간에서는 구조적으로 불리할 수밖에 없는 전략이다. 만약 앞으로도 글로벌 증시가 큰 폭으로 상승하게 될 것으로 전망한다면 굳이 커버드콜 ETF에 투자할 필요는 없을 것이다. 하지만 증시가 현 수준에 머물러 있거나 또는 하락할 것으로 예상된다면 커버드콜 ETF는 훌륭한 선택이 될 수 있다.

여기에서 우리가 기억해야 할 점은 커버드콜 투자의 진정한 목적은 '높은 분배금 수익'이라는 점이다. 이러한 종류의 투자를 일반적으로 인컴income 투자라고 부른다. 즉, 투자한 자산의 가격 상승을 목적으로 하는 것이 아니고 그 자산에서 꾸준히 발생하는 배당금을 받는 투자 전략이다. 보통 우리나라의 주식 투자자들은 매매 차익을 얻을 목적으로 투자하는 경우가 많다. 하지만 높은 배당금을 수령할 목적으로 고배당 주식을 매수한 후 단기적 가격 등락에는 크게 연연하지 않는 투자자가 있다면 이 투자자는 인컴 투자를 하고 있는 것이다.

인컴 투자의 대상은 종류가 다양하다. 지금 말한 고배당 주식 이외에도 채권, 리츠 등이 일반적으로 인컴 투자에 해당한다. 대표적 인컴 투자로 하나를 더 언급하자면 바로 커버드콜 펀드이다. PBP와 같은 커버드콜 ETF는 앞서 말했듯 매월 반복해서 콜 옵션을 매도한다. 이때 옵션을 매도하고 옵션의 시장 가격에 해당하는 프리미엄을 수취하게 되는데 이 프리미엄은 대부분 커버드콜 ETF를 매수한 투자자에게 분배금으로 지급하게 된다. 다음의 [그림 6]은 미국 증시에 상장된 주요 커버드콜 ETF들의 최근 분배금 수익률을 보여주는 그림이다. PBP의 분배금 수익률이 5.5%이고 HSPX와 QYLD는 각각 5.7%, 9.8%이다. QYLD의 분배금이 현저히 높은 이유는 기초지수가 S&P500이 아닌 변동성 높은 나스닥지수이기 때문이다. 이 주요 커버드콜 ETF들의 분배금 수익률은 S&P500지수의 배당수익률 대비 현저하게 높다. 요즘과 같은 저금리 시대에 연 5% 이상의 분배금 수익은 상당히 매력적이라 할 수 있다. [그림 5]는 커버드콜 ETF의 가격이 오르지 못하는 모습을 보여주었지만 그렇다고 그 기간 동안 커버드콜 ETF가 완전히 무기력했던 것은 아니었던 것이다.

커버드콜 ETF의 투자 목적이 오로지 인컴 수익에만 있는 것은 아니

▶ 그림 6. 주요 커버드콜 ETF와 S&P500지수의 분배금 비교

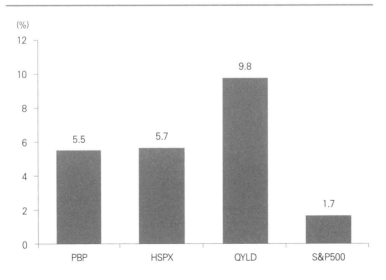

▶ 그림 7. 증시하락기 커버드콜 ETF PBP는 상대적으로 안정적

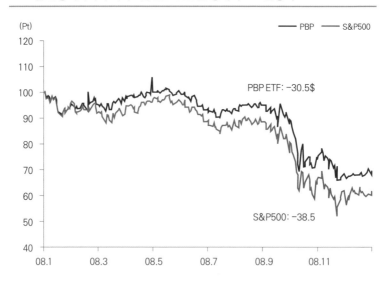

다. 앞서도 얘기했듯 커버드콜 전략은 증시 전망이 부정적으로 예상될 때 빛을 발하는 전략이다. 이 말의 의미는 증시가 오르지 못해도 높은 배당금을 받아 이익을 얻을 수 있다는 말이기도 하지만 증시가 하락할 경우 투자자들을 어느 정도 보호해줄 수 있다는 의미이기도 하다. 이해를 돕기 위해 증시가 극단적으로 강한 위험에 노출되었던 2008년 금융위기 당시를 돌이켜보도록 하자.

알다시피 2008년에는 미국의 서브프라임 모기지가 대규모 부실에 빠지면서 대형 금융기관들이 잇따라 파산하는 사태가 벌어졌다. 공포에 빠진 투자자들이 앞다퉈 투자금을 회수하면서 증시는 폭락세를 보였다. [그림 7]에서 보다시피 미국 증시 S&P500지수는 2008년 1년 동안 무려 38.5%나 하락했다. 하지만 같은 기간 커버드콜 ETF PBP의

하락 폭은 30.5%에 머무를 수 있었다. 물론 1년 동안 30%의 하락 역시 매우 큰 손실임은 분명하다. 하지만 평가의 기준이 되는 시장지수 대비 10% 가까운 우위를 보였다는 점은 투자자 입장에서는 다행스러운 부분이다. 여기에 커버드콜 ETF의 높은 분배금 수익을 더한다면 실제로 PBP 투자자는 평균적인 투자자 대비 15% 가까이 수익률의 우위를 얻을 수 있었던 것이다.

물론 2008년과 같은 금융위기는 우리가 흔히 경험할 수 없는 특별한 경우이긴 하다. 하지만 주식시장에서 상승장과 하락장은 언제나 함께 움직이는 동전의 양면과 같은 존재다. 증시가 폭락하는 일은 드물지만, 완만한 하락장은 언제든 우리를 찾아올 수 있다는 것을 기억해야 할 것이다. 그런 상황에서 커버드콜 ETF는 효과적인 투자 대상이다. 증시가 더 이상 상승하지 못하고 변동이 심할 것으로 예상될 때, 그리고 투자자가 매매 차익이 아닌 꾸준한 배당 수익을 원할 때, 이 두 조합 하에서 최선의 투자 대상이 될 수 있는 것이 바로 커버드콜 ETF인 것이다.

▶ 표 1. 미국 증시 상장 주요 커버드콜 ETF

코드	기초지수	운용 규모 (100만 달러)	보수율 (%)	분배금 (%)	분배 주기 (%)	수익률 (%, 1년)
PBP	S&P500	266.4	0.49	5.52	분기	11.50
HSPX	S&P500	161.2	0.65	5.77	월	17.50
QYLD	나스닥 100	987.6	0.60	9.73	월	18.18

증시가 하락해도 손실이 없는 버퍼 ETF

즐거운 상상을 한번 해보자. 증시가 상승하면 수익을 얻지만 반대로 증시가 하락했을 경우엔 손실이 없는 그런 펀드는 없을까? 누구나 꿈꾸는 이상적인 상품이지만 이런 펀드가 현실에 존재할 것 같지는 않아 보인다. 물론 국채와 같은 무위험 자산은 항상 손실 없이 이익을 얻는 것이 가능하다. 하지만 대표적 위험자산인 주식에 투자하면서 손실 없이 이익만 얻겠다는 것은 애초 비현실적인 발상일 것이다. 하지만 실제로 그런 펀드가 존재한다. 바로 지금 소개하고자 하는 버퍼 ETF이다.

엄밀히 말하면 약간의 조건이 동반된다. 증시가 상승하면 증시를 따라 무한정 수익을 얻고 반대로 증시가 아무리 하락해도 절대 손실이 없다는 말은 아니다.

현재 미국 증시에 상장되어 있는 버퍼 ETF는 기본적으로 S&P500지수를 기초 자산으로 하는 구조이다. S&P500지수가 상승하면 따라서 상승하고 하락하면 같이 하락한다. 이 점에서는 다른 대부분의 ETF와 특별한 차이는 없다. 꼭 그런 것은 아니지만 대부분의 ETF는 특정 기초 지수를 추종하는 패시브 펀드 구조를 띠고 있다.

시장에 존재하는 펀드들을 투자 전략에 따라 구분하면 크게 액티브 펀드와 패시브 펀드로 나눌 수 있다. 액티브 펀드는 말 그대로 역동적으로 움직이는 펀드이다. 펀드매니저의 판단에 따라 수시로 종목들을 사고팔고 하면서 포트폴리오를 변경해 나간다. 시장 상황을 살피다가 증시가 하락할 우려가 있으면 종목들을 정리해 현금 비중을 늘리기도 하고 증시가 상승할 것으로 판단되면 적극적으로 종목들을 매수하기도 한다. 증시 전망이 좋아서 전반적으로 투자를 늘리더라도 특정 종목의 수익성이 부진해 보이면 그 종목은 매도하고 다른 종목으로 바꿔 채워놓기도 한다. 이렇게 부지런히 포트폴리오를 조정하면서 시장 수익률보다 더 높은 수익을 추구하는 펀드가 액티브 펀드이다.

패시브 펀드는 반대로 수동적이다. 추종하고자 하는 인덱스를 지정한 다음 그 인덱스와 똑같이 움직이는 것이 패시브 펀드의 목표이다. 우리나라의 대표 ETF인 KODEX200을 예로 들자면 이 종목은 기초지수인 KOSPI200과 똑같이 움직이기만 하면 목표를 달성한 것이다. 그러기 위해서 KOSPI200에 편입되어 있는 200개 종목을 동일한 비중으로 매수해서 보유하기만 하면 되는 것이다. KOSPI200보다 더 나은 수익을 얻기 위해 종목들을 수시로 매수, 매도하는 수고를 할 필요가 없다는 말이다. 물론 패시브 펀드라고 해서 펀드매니저가 전혀 아무 일도 할 필요가 없다는 말은 아니다. KOSPI200지수가 정기 종목 변경을 할 경우 따라서 같이 종목을 변경해줘야 하고 종목 변경이 없다 하더라도 수시로 기초지수와 똑같이 움직이는지를 점검해서 차이를 메워주어야 한다. 국내나 해외나 현재까지 ETF들은 대부분 패시브 펀드이기 때문에 기초지수를 따라서 움직인다고 생각하면 큰 차이는 없을 것이다.

앞서 말했듯 버퍼 ETF는 S&P500지수를 추종한다. 하지만 일반적인 S&P500지수를 추종하는 ETF와는 수익 구조가 다소 차이를 보인다. 이 버퍼 ETF의 수익 구조에 대해서 다음의 [그림 8]을 보면서 얘기해보자.

파란색 선은 S&P500지수이고 검은 선은 버퍼 ETF의 가격이다. a라는 기준가를 시점으로 S&P500지수가 상승하면 버퍼 ETF의 가격도 같은 폭으로 상승한다. S&P500지수가 5% 상승하면 버퍼 ETF 역시 5% 상승하고 S&P500지수가 10% 상승하면 버퍼 ETF 역시 10% 상승한다. 하지만 S&P500지수가 더욱 상승해서 b라는 특정 가격에 도달하면 이후 기초지수가 상승해도 버퍼 ETF의 가격은 더 이상 오르지 못한다. 버퍼 ETF의 가격이 더 이상 상승하지 못하는 이 특정 가격을 캡cap이라 부른다. 버퍼 ETF는 구조적으로 가격 상승에 대한 한계점을 가지고 있는 것이다. 이 캡의 위치는 버퍼 ETF의 종류에 따라 다

▶ **그림 8. 주가지수 변동에 따른 버퍼 ETF 수익 구조**

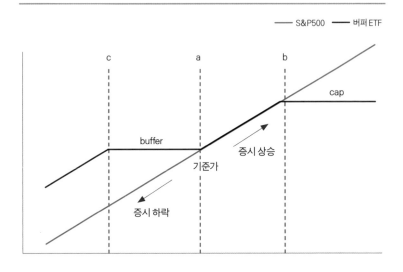

양하다. 20%를 넘는 경우도 있고 10%에 미치지 못하는 경우도 있다. 캡의 크기에 대해서는 투자자가 판단해 선택할 수 있다.

　이번엔 반대로 증시가 하락하는 상황을 가정해보자. 다시 a라는 기준가에서 만약 S&P500지수가 하락한다면 [그림 8]에서 보다시피 버퍼 ETF의 가격은 따라서 하락하지 않고 그 자리에 머무른다. 가령 S&P500지수가 5% 하락한다 해도 버퍼 ETF 투자자는 전혀 손실이 없는 것이다. 하지만 증시 상황이 악화되면서 S&P500지수가 더욱 큰 폭으로 하락해 c라는 가격에 도달하면 이때부터는 버퍼 ETF도 하락을 시작하게 된다. 증시 하락을 버텨내는 a부터 c까지의 구간을 버퍼 buffer라고 부른다. 버퍼 역시 개별 버퍼 ETF에 따라 다양하게 존재한다. 버퍼의 범위는 적게는 9%부터 많게는 30%까지 분포한다. 만약 버퍼가 15%인 버퍼 ETF를 매수했다면 증시가 15%까지 급락해도 전혀 손실이 발생하지 않게 되는 것이다. 만약 증시가 20% 하락한다면 투자자에게 발생하는 손실 규모는 5%가 될 것이다.

버퍼 ETF는 여러 옵션 계약으로 설계된 복합파생상품

　독특하지만 상당히 매력적인 ETF 아닌가? 패시브 펀드인 ETF가 어떻게 이런 수익 구조를 만들어낼 수 있는 것일까? 이미 짐작하고 있겠지만 버퍼 ETF 역시 여러 종류의 파생상품으로 복잡하게 설계된 ETF이다. 따라서 버퍼 ETF의 구조 자체를 일반 투자자들이 상세하게 이해하기는 다소 어려울 수도 있다. 하지만 우리가 투자하고자 하는 종목을 공부한다는 차원에서 버퍼 ETF의 설계 과정을 짧게 설명해보도록 하겠다.

버퍼 ETF는 크게 3단계 과정을 거쳐서 만들어진다. 첫 번째는 지수 복제, 두 번째는 버퍼 설정, 세 번째는 캡 설정 과정이다. 첫 번째 지수 복제는 당연히 기초지수인 S&P500지수를 복제하는 과정이다. S&P500지수를 복제하는 가장 일반적인 방법으로는 S&P500지수와 동일하게 500개 종목을 매수하는 방법이 있다. 앞서 커버드콜 ETF 역시 이런 방법으로 지수를 복제하고 일반적인 지수추종형 ETF들도 대부분 같은 방법을 쓴다. 하지만 버퍼 ETF는 다르다. 버퍼 ETF는 [그림 9]와 같이 두 개의 옵션을 매수하고 두 개의 옵션을 매도하는 방법으로 주가지수를 복제한다. 다음 그림들에서는 시각적 편의를 위해 콜 옵션은 파란색, 풋 옵션은 하늘색 점선으로 표현했고 또 옵션 매수는 하늘색 실선, 매도는 파란색 점선으로 표시했다. [그림 9]는 행사가 60의 콜 옵션을 매수하고 행사가 60의 풋 옵션을 매도하고 있다. 또한 행사가 120의 풋 옵션을 매수하고, 행사가 120의 콜 옵션을 매도하는 것으로 나타난다. 여기에 어떤 옵션은 승수가 2이고 어떤 옵션은 1이다.

[그림 9]를 들여다보고 있으면 어지간히 파생상품 경험이 있는 투자자라도 이게 무슨 소리인지 현기증이 느껴질 것이다. 굳이 모든 투자자들이 이 구조를 깔끔하게 이해할 필요는 없다. 다만 이렇게 복잡한 옵션 계약을 중복으로 체결하면 실제로 S&P500지수가 복제된다는 것만 기억하자. 그렇다면 버퍼 ETF의 운용사는 왜 S&P500지수의 편입종목들을 전부 매수하는 방법이 아닌 파생상품을 이용하는 방법으로 주가지수를 복제하는 것일까? 여러 이유가 있겠지만 파생상품으로 주

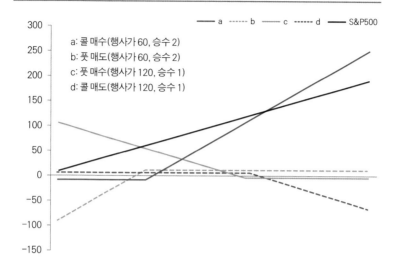

a: 콜 매수(행사가 60, 승수 2)
b: 풋 매도(행사가 60, 승수 2)
c: 풋 매수(행사가 120, 승수 1)
d: 콜 매도(행사가 120, 승수 1)

▶ 그림 10. 등가 풋 옵션 매수, 외가 풋 옵션 매도로 버퍼 설정

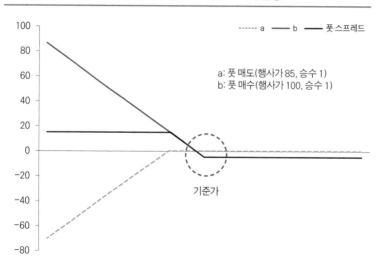

a: 풋 매도(행사가 85, 승수 1)
b: 풋 매수(행사가 100, 승수 1)

기준가

가지수를 복제하면 변동성을 완화시킬 수 있다는 것이 가장 큰 이유일 것이다. S&P500지수의 편입 종목을 모두 매수하는 방법으로 복제한 지수는 이론적으로 주가지수와 똑같이 상승하고 하락한다. 하지만 옵션 계약으로 복제한 지수는 옵션 만기 시점에는 주가지수와 동일한 수익률을 보이겠지만 만기 이전 시점에는 등락 폭이 더 적을 것이다. 왜냐하면 가격이 반대로 움직이는 콜 옵션과 풋 옵션을 동시에 보유하고 있기 때문이다.

주가지수를 복제했으면 이번에는 두 번째 버퍼 설정 과정이다. [그림 10]은 행사가 100의 풋 옵션을 매수하고 동시에 행사가 85의 풋 옵션을 매도하는 전략을 보여주는데 이런 구조를 풋 스프레드 매수라고 부른다. 그림에서 보다시피 기준가보다 낮은 특정 구간에서 가격이 상승하는 모습이 나타나는데 이 구간에서 버퍼가 만들어지는 것이다. 마지막 세 번째 캡 설정은 [그림 11]과 같이 콜 옵션을 매도하기만 하면 되는 비교적 간단한 과정이다. 이 세 가지 과정을 하나로 합치면 [그림 12]와 같이 주가지수를 따라 움직이지만 위에는 캡이 있고 아래로는 버퍼가 막아주는 버퍼 ETF가 완성된다. 얼핏 보면 매우 복잡한 구조이지만 개별 옵션 계약들은 매우 단순하기 때문에 캡이나 버퍼가 제대로 작동할지 여부를 걱정할 필요는 없다.

이 시점에서 눈치가 빠른 투자자라면 버퍼 ETF에는 고려해야 할 사항이 한 가지 더 있다는 것을 알아챘을 수도 있다. 바로 버퍼 ETF를 구성하는 여러 종류의 옵션들에는 모두 만기가 지정되어 있다는 점이다. 단순히 기초지수를 추종하기만 하면 되는 보통 ETF들은 딱히 만기라

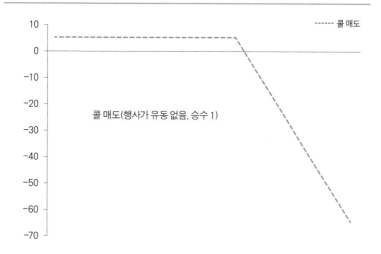

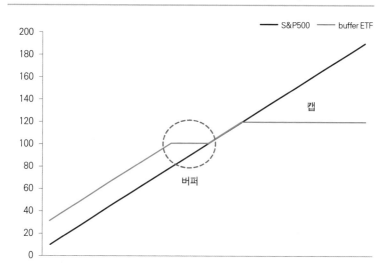

는 개념이 있을 리 없다. 하지만 옵션이나 선물 같은 파생상품은 미리 약정한 계약이 실행되는 만기일이라는 개념이 존재한다. 버퍼 ETF를 구성하는 7개의 옵션 계약 역시 마찬가지인데 현재 상장되어 있는 버 퍼 ETF들의 옵션 만기일은 계약일로부터 1년 이후 시점이다.

물론 버퍼 ETF 자체는 만기가 있는 상품이 아니다. 하지만 버퍼 ETF를 구성하는 옵션들은 1년마다 새로 갈아타기를 해야만 한다. 이 과정에서 버퍼 ETF 투자자들이 알아야 하는 사항이 생기는 것이다.

이를 이해하기 위해 미국 증시에 상장되어 있는 주요 버퍼 ETF들의

▶ 표 2. 미국 증시 상장 주요 버퍼 ETF

코드	운용 규모 (100만 달러)	보수율(%)	버퍼(%)	캡(%)	적용 기간
BJAN	149.1	0.79	9.00	13.30	2020.01.01 ~ 2020.12.31
PJAN	184.1	0.79	15.00	8.50	
UJAN	61.8	0.79	30.00	7.70	
BAPR	38.9	0.79	9.00	17.24	2019.04.01 ~ 2020.03.31
PAPR	78.9	0.79	15.00	10.61	
UAPR	19.2	0.79	30.00	10.57	
BJUL	72.8	0.79	9.0	14.0	2019.07.01 ~ 2020.06.30
PJUL	83.6	0.79	15.00	8.88	
UJUL	33.0	0.79	30.00	8.45	
BOCT	154.0	0.79	9.00	14.12	2019.10.01 ~ 2020.09.30
POCT	294.2	0.79	15.00	9.20	
UOCT	122.4	0.79	30.00	7.70	

내용들을 한번 살펴보도록 하자.

　[표 2]는 현재 미국 증시에 상장된 많은 버퍼 ETF들 중 대표적인 종목들을 선별해 정리한 표이다. 각 버퍼 ETF들의 코드명은 이들 ETF들이 최초 상장된 시기와 관련이 있다. 예를 들어 BJAN, PJAN, UJAN 등의 종목은 모두 1월January에 상장된 종목들이다. 이들 버퍼 ETF들 중 BJAN을 우선 살펴보자. BJAN의 버퍼는 9%이고 캡은 13.3%으로 나타나 있다. 그리고 이 수익 구조의 적용 기간은 2020년 1월 1일부터 12월 31까지로 되어 있다. 이것이 의미하는 것은 1월 1일에 BJAN ETF를 매수한 투자자가 1년 후인 12월 31일 기준으로 해당 버퍼와 캡의 적용을 받을 수 있게 된다는 말이다. 해당 1년의 기간 동안 S&P500지수가 얼마나 오르고 내렸는지에 따라 BJAN의 수익률이 결정되는 것이다. 그렇다면 BJAN을 1월 1일이 아닌 다른 날에 매수할 수도 있을까? 물론 가능하다. 상장된 주식과 마찬가지로 ETF는 언제든 사고팔 수 있기 때문이다. 하지만 이 경우에는 표에서 보는 버퍼와 캡의 수치가 적용되지 않는다. 대신 현재 BJAN의 가격에 따라 투자자가 적용받을 수 있는 버퍼와 캡의 범위가 달라지게 될 것이다.

　가상의 상황을 한번 가정해보자. 1월 1일에 BJAN의 가격이 100달러였다면 그해 12월 31일 기준으로 BJAN은 최대 113.3달러까지 가능하다. 그러나 2월 1일 BJAN의 가격이 만약 110달러까지 상승한 상황에서 매수한다면 이 투자자에게 적용되는 캡은 더 이상 13.3%가 아닌 3.0%에 불과할 것이다. 가격 상승의 여지가 3.3달러밖에 남지 않았기 때문이다. 대신 아래로 버퍼의 범위는 9%에서 17%로 크게 넓어지게 된다.

　버퍼 ETF는 기본적으로 앞서 소개한 커버드콜 ETF와 마찬가지로 투자의 리스크를 완화하고자 할 때 필요한 ETF이다. 향후 증시가 상승하지 못하거나 혹은 하락 전환이 우려될 때 관심을 가질만한 종목인 것이다. 그렇다고 수익성 측면에서 특별히 큰 핸디캡을 안고 있다고 볼 수도 없다. 투자자의 성향에 따라 판단이 다를 수는 있겠지만 각 버퍼 ETF들이 부여받은 최대 수익률에 해당하는 캡이 그다지 인색하지는 않기 때문이다. 금년 글로벌 증시의 향방을 예단하기는 어렵지만 버퍼 ETF는 투자자들에게 적당한 수익과 적당한 안정성을 동시에 제공할 수 있을 것이다.

현명한 경기 방어 전략: 경기 방어 ETF로 대응하자

증시 상승기에는 경기민감주, 하락기에는 경기방어주가 유리

경기와 주가 사이에는 어떤 관계가 있을까? 상식적으로 경기가 좋으면 주가가 상승하고 경기가 나쁘면 주가도 하락할 것이다. 하지만 실제 시장을 경험해본 투자자라면 이런 상식이 의외로 잘 들어맞지 않는다는 것을 느껴봤을 것이다. 경기는 좋은데 증시는 오르지 못하거나 오히려 하락하는 경우도 있고 반대로 경기가 안 좋은데 증시는 끝없이 올라가는 경우도 있다. 지난해인 2019년 미국의 경제성장률은 2.3%로 지난 3년 동안 가장 부진했다. 하지만 S&P500지수는 2019년 한 해 동안 무려 28.9% 급등했다. 비슷한 상승률을 보였던 2013년을 제외한다면 1997년 이후 22년 만에 가장 높은 상승률이었다. 그 1년 전인 2018년은 반대로 경제성장률이 2.9%로 꽤 양호했다. 그러나 증시는 오히려 6.2% 하락했다. 금융위기가 있었던 2008년 이후 10년 만에 첫 하락이었다. 주식시장의 움직임에 뭔가 오류가 있는 것일까? 물론 그렇지는 않다. 자산가격이라는 것은 오직 경기 변동에 의해서만 결정될 정도로 단순하지는 않기 때문이다. 정부의 경제정책이라든지 시중의 통화량 변동 같은 다양한 변수들이 시장에 복합적으로 작용하기 때문에 주가 변동을 기계적으로 예측한다는 것은 대단히 어려운 일이다.

그런데 이와 관련해서 한 가지 재미있는 사실을 발견할 수 있다. 앞서 말했듯 주가의 움직임 자체는 경기 상황과 밀접한 관련이 있는 것은 아니다. 하지만 경기민감주나 경기방어주와 상당히 높은 관련성을 보인다. 다시 설명하자면 증시가 급등하는 것이 반드시 경기가 좋아서는 아니다. 하지만 증시 급등 구간에서는 대체로 경기민감주가 크게 오르고 경기방어주는 부진한 경향을 보인다는 것이다. 반대로 증시가 하락하는 것이 반드시 경기가 나빠서는 아니지만 그래도 증시 하락 구간에서는 주로 경기방어주가 우수한 성과를 보이고 경기민감주는 부진한 수익률을 보이더라는 점이다.

일반적으로 주식시장에서 경기민감주로 분류되는 업종은 자유소비재, 산업재, 원자재, 부동산, IT 섹터 등이다. 반면 대표적인 경기방어주로는 필수소비재, 유틸리티, 헬스케어 섹터 등이 있다. 이러한 분류는 한국과 글로벌 증시 사이에 큰 차이는 없다.

증시가 상승세를 보이는 구간과 하락세를 보이는 구간에서 이들 섹터들이 어떻게 움직였는지 한번 살펴보자. 미국 증시의 최근 대표적 상승 구간으로 2010년과 2017년을 선택해보았다. 2010년은 미국 경제가 금융위기 이후 본격적인 회복을 시작한 시기이다. 또한 2017년은 미국 경제의 상승이 성숙기에 접어든 시기로 물가와 금리, 경제성장률이 동반 상승한 전형적 확장 국면이라 할 수 있다. 2010년 S&P500지수가 연간 12.78% 상승하는 동안 가장 높은 수익을 얻은 섹터는 부동산 섹터로 28.03% 상승했다. 이어서 자유소비재, 산업재 섹터가 각각 25.72%, 23.92% 상승했다. 미국 증시의 11개 업종 중 2010년 20% 이상의 수익을 올린 섹터는 이들 3개 섹터뿐이다. 반면 유틸리티와 헬스케어 업종은 거의 상승하지 못했고 필수소비재 업종의 수익률 역시 상대적으로 부진한 편이었다.

► 그림 13. 2010년 미국 증시 업종별 연간 수익률 비교. 부동산, 자유소비재, 산업재 우수

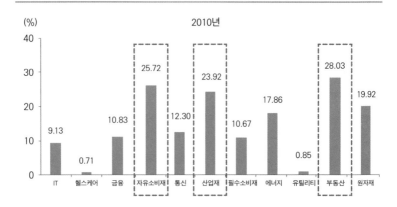

► 그림 14. 2017년 미국 증시 업종별 연간 수익률 비교. IT, 자유소비재, 원자재 수익률 우수

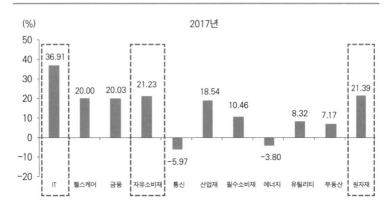

2017년의 경우를 살펴보면 2010년과 유사한 면이 관찰된다. IT 섹터가 급등한 가운데 자유소비재와 원자재 섹터가 연간 21% 이상의 수익을 얻었다. 증시가 활황을 보이는 시기에 이들 경기민감 섹터들이 공통적으로 우수한 성과를 보였던 것이다. 다른 증시 활황기를 살펴보아도 정도의 차이는 있을지언정 이들 경기민감주 중심으로 증시가 상승한다는 규칙에는 큰 변화가 없다.

이번엔 반대로 증시가 부진을 면치 못했던 시기의 수익률을 한번 비교해보자. 대표적인 약세장으로 2008년과 2011년을 골라보았다. 2008년은 알다시피 자세한 설명이 필요 없는 폭락장이었다. 서브프라임 모기지 부실이 확대되면서 대형 금융기관이 파산하고 금융시스템이 붕괴 직전까지 몰렸던 시기이다. 미국 대공황 이후 최대 위기로 평가받는 2008년 S&P500지수의 연간 하락 폭은 -38.49%였다. [그림 15]를 통해 살펴보면 2008년에는 11개 업종 중 단 하나도 손실을 벗어나지 못했을 뿐 아니라 심한 경우 금융 업종처럼 손실 폭이 50%를 넘어가기도 했다. 그런데 자세히 살펴보면 이 유례없는 폭락장세 속에서 그나마 타 업종 대비 손실 폭이 적은 몇 개의 업종이 눈에 띈다. 바로 필수소비재와 헬스케어, 유틸리티 업종이다. 특히 필수소비재 업종의 경우 유일하게 손실 폭이 20% 이하였다. 반면 금융 이외에도 부동산, 원자재, IT, 산업재 업종의 손실 규모는 모두 40%를 넘어선다. 이들 모두는 앞서 경기민감주로 분류되었던 업종들이다.

2011년도 한번 살펴보자. 금융위기 이후 2010년까지 반짝 반등했던 글로벌 경기는 2011년으로 접어들며 다시 부진에 빠져들었다. 유럽

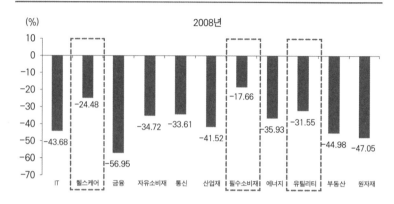

자료: 블룸버그, 하나금융투자

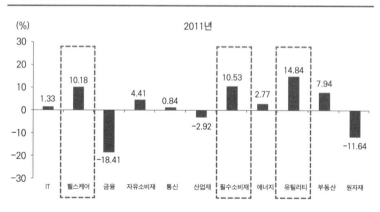

자료: 블룸버그, 하나금융투자

의 재정위기가 급격히 악화되었기 때문이다. 2011년 S&P500지수는 여름 한때 14% 급락하는 등 위태로운 모습을 보인 끝에 결국 보합으로 한 해를 마무리했다. [그림 16]을 통해 2011년의 업종별 수익률을 비교해보면 상승과 하락 업종이 섞여 있는 가운데 연간 수익률이 10%를 넘어서는 업종이 3개가 발견된다. 바로 유틸리티, 필수소비재, 헬스케어 업종이다. 2008년에 확인한 경기방어업종과 정확하게 일치한다. 증시가 뚜렷한 부진을 보이는 구간에서는 거의 예외 없이 이들 경기방어업종들이 힘을 발휘하는 것이다.

여기서 잠깐 한 가지만 살펴보고 넘어가자. 다른 업종들은 이름만으로도 대략 업종의 성격을 짐작할 수 있는데 필수소비재와 자유소비재 업종은 각각 무엇을 의미하는지 직관적으로 와 닿지 않을 수 있다. 간단하게 설명하자면 필수소비재는 사람이 생활하는 데 필수적으로 필요한 물품이라고 보면 된다. 의식주에 포함되는 식품, 음료와 위생용품, 의약품 등 생활용품이 가장 전형적인 필수소비재이고 범위를 조금 넓혀서 담배, 술과 같은 기호품 그리고 이들 물품을 판매하는 대형마트, 소매체인까지 필수소비재 업종에 포함된다. 자유소비재는 필수소비재와 달리 사람의 생존에 꼭 필요한 물품들은 아니다. 하지만 일상의 편의를 높이고 여가시간을 즐기면서 삶의 질을 높이는 데는 필요하다. 예를 들어 핸드폰, 컴퓨터, 자동차, 가구, 귀금속 등이 자유소비재의 범주에 포함되고 스타벅스, 맥도날드, 나이키 같은 소비재 기업들도 자유소비재 업종으로 분류된다.

필수소비재 ETF XLP, 유틸리티 ETF XLU,
헬스케어 ETF XLV에 관심을 가지자

그렇다면 지금 시점에서 투자자들은 경기민감주와 경기방어주 어느 쪽을 매수하는 전략이 좋을까? 물론 시장이 어떻게 움직일지는 누구도 알 수 없다. 그럼에도 어느 한쪽을 선택해야만 한다면 조심스럽게 올해는 경기방어주를 선택하는 전략을 권해주고 싶다. 글로벌 증시는 2008년 금융위기 이후 너무 오래, 그리고 너무 많이 상승해왔다. S&P500지수는 2009년 저점 대비 10년 만에 5배나 상승했다. 오랜 증시 활황의 배경으로는 다른 무엇보다도 중앙은행의 저금리 정책과 양적완화가 자리 잡고 있다. 문제는 언제까지 돈의 힘으로 증시를 끌어올릴 수는 없다는 것이다. 앞서 경기와 증시가 반드시 동행할 필요는 없다는 말을 했지만 그렇다고 경기와 증시가 완전히 무관할 수도 없는 일이다. 지지부진한 경제 여건에도 불구, 너무 많이 오른 증시는 어떤 시점을 계기로 크게 흔들릴 우려가 있다는 점을 염두에 두어야만 한다. 만약 실제로 금년에 증시 변동성이 높아진다면 이 경우 경기방어주가 투자자들을 보호해줄 수 있을 것이다.

그렇다면 미국 증시에 상장되어 있는 2,400개의 ETF 중에서 어떤 종목이 경기방어주에 해당할까? 3개의 경기방어업종 각각에 대해 대표적인 ETF 3개씩만을 찾아서 정리해보면 [표 3]과 같다.

우선 필수소비재 업종부터 살펴보면 가장 대표적인 ETF는 XLP이다. 업종 내에서 가장 크고 가장 오래된 ETF이다. XLP는 모두 34개 기업의 주식을 편입하고 있다. 그중에서 가장 많은 비중을 차지하고 있는

► 표 3. 미국 증시 상장 주요 경기방어형 ETF

업종	코드	운용사	상장일	운용 규모 (10억 달러)	보수율 (%)	수익률 (%, 1년)
필수 소비재	XLP	State Street	1998-12-16	13.49	0.13	21.92
	VDC	Vanguard	2004-01-26	5.58	0.10	19.46
	IYK	Blackrock	2000-06-12	0.53	0.42	23.20
유틸리티	XLU	State Street	1998-12-16	12.03	0.13	29.29
	VPU	Vanguard	2004-01-26	4.78	0.10	27.28
	IDU	Blackrock	2000-06-12	1.03	0.43	26.78
헬스케어	XLV	State Street	1998-12-16	19.70	0.13	15.08
	VHT	Vanguard	2004-01-26	9.95	0.10	15.28
	IBB	Blackrock	2001-02-05	7.18	0.47	7.75

종목은 종합생활 메이커 P&G이다. P&G는 비누, 세제를 포함한 각종 가정용품을 생산하는 기업으로 매출액 순위로는 미국 내 25위에 해당하는 거대 기업이다. P&G에 이어 두 번째로 비중이 큰 종목은 코카콜라이고 이어서 세 번째, 네 번째는 각각 펩시코, 월마트이다. 이외에도 코스트코, 필립모리스, 킴벌리 같은 잘 알려진 기업들이 XLP를 구성하는 주요 종목들이다. VDC, IYK 역시 구성 종목 면에서 큰 차이는 없다.

또 다른 경기방어업종인 유틸리티 업종은 산업활동을 위한 리소스를 제공하는 업종이라 생각하면 된다. 주로 전기, 가스, 수도 등을 생산하고 공급하는 기업들이 이에 속한다. 우리나라의 경우 한국전력과 한국가스공사가 대표적인 유틸리티 업종이라 할 수 있다. 유틸리티 업종의 대표적 ETF는 29개 기업을 편입하고 있는 XLU이다. XLU를 구성하는 종목 중 가장 비중이 큰 종목은 넥스테라에너지NestEra Energy로 XLU의 13.76%를 차지한다. 넥스테라에너지는 미국과 캐나다에 전력을 공급하는 발전업체로 증시 상장 전력회사 중 시가총액이 가장 큰 기업이다. 이외에 역시 XLU를 구성하는 주요 기업들인 Southern Company, Duke Energy, Dominion Energy, American Electric 등도 모두 대형 발전업체들이다. 또 다른 유틸리티 ETF인 VPU 역시 구성 종목이나 수익률, 보수율 측면에서 XLU와 큰 차이가 없다. 앞서 XLU에 편입되어 있는 것으로 소개한 5개의 주요 발전기업들은 고스란히 VPU에도 편입되어 있는 종목들이다.

마지막으로 헬스케어 업종을 살펴보자. 우리나라에서는 헬스케어 업종이 경기민감주로 분류되는 경향이 있지만 일반적으로 글로벌 시장에서 헬스케어는 경기방어주로 분류된다. 아무리 경기가 안 좋아도 살아가기 위해 의료비용을 줄이기란 쉽지 않은 일이기 때문이다. 대표적 헬스케어 ETF로는 XLV가 있다. XLV에는 제약업체가 비중의 약 42%를 차지하고 건강기구 관련 업체들이 약 30%를 차지하고 있다. XLV에 편입되어 있는 개별기업들을 살펴보면 우리나라에도 잘 알려져 있는 존슨앤존슨, 유나이티드헬스, 머크, 화이자 등이 5% 이상의 비중을 차지하고 있다. 또 다른 대표적 헬스케어 ETF인 VHT 역시 구조상으로 XLV와 큰 차이가 없다. XLV에 편입되어 있는 5개의 주요 기업들은 VHT에서도 고스란히 높은 비중을 차지하고 있다. 하지만 IBB

는 다르다. 역시 대형 헬스케어 ETF인 IBB는 XLV, VHT와는 달리 나스닥 기업으로만 구성되어 있는 종목이다. 한국 증시에 코스피 시장과 코스닥 시장이 분리되어 있는 것처럼 미국에서도 뉴욕증권거래소와 나스닥 시장은 엄연히 분리된 증권거래소이다. 이 때문에 IBB는 수익률 측면에서도 XLV, VHT와 엇박자를 보이는 경우가 많다. 2019년의 경우 XLV와 VHT의 수익률이 좋았고 IBB는 다소 부진했다. 물론 이 차이가 항상 IBB에게 불리하게 작용한다는 의미는 아니다.

지금까지 주요 경기방어업종과 이들 업종을 대표하는 ETF들에 대해 알아보았다. 지난 수년간 미국 경기가 호조를 보이면서 증시 역시 매년 큰 폭으로 상승해왔다. 다만 이 호황이 영원히 지속될 수 없다는 점에서 경기 하강에 대비하는 전략도 준비할 필요가 있을 것이다. 경기 하강과 증시 변동성 상승에 대응하는 가장 무난한 전략은 경기방어주에 투자하는 방법이다. 그러한 경기방어업종으로 필수소비재, 유틸리티, 헬스케어 업종을 제시했으며 이들 업종에 투자하는 가장 안전하면서도 효과적인 방법은 글로벌 ETF 투자일 것이다. 향후 ETF는 투자시장의 대세로 자리 잡을 것이다. 편리하면서도 비용이 저렴하고 리스크는 제한적이기 때문이다. 글로벌 ETF를 통해 안정적인 수익을 얻을 수 있기를 기원한다.

"훌륭한 투자자는 다른 사람들보다 더 큰 수익을 올린 것보다,
같은 수익을 냈다 하더라도 리스크 관리를 통해
더 적은 리스크 속에서 그런 성과를 낸 사람일 것이다."

-하워드 막스Howard Marks, 《투자에 대한 생각》

김훈길

하나금융투자 리서치센터 애널리스트. 글로벌 ETF 및 자산 배분 전략을 담당
하며, 매크로 분석과 계량적 방법론을 통한 글로벌 자산 배분 전략을 개발하고
ETF로 최적의 포트폴리오 전략을 제시한다. 연세대학교 경제학과 석사 과정을
졸업하고 2007년부터 대신경제연구소에서 책임연구원으로 근무했다.
주요 발간 보고서로는 〈액티브리스크 운용을 통한 자산 배분〉, 〈포트폴리오 과
잉 분산 리스크 점검〉, 〈통화헤지는 언제나 정답일까〉, 〈ETF로 만들어보는 맞
춤형 EMP〉, 〈글로벌 ETF 테마북〉, 〈글로벌 ETF 가이드북〉 등이 있다.

불확실성 시대에 투자 대안으로
'신흥국 투자'를 권하는 까닭

글 문남중(대신증권 리서치센터 애널리스트)

미국과 중국의 패권 다툼 속에서 세계 경제는 환율전쟁과 양적완화의 시대를 살며 더욱 불확실성을 키우고 있다. 그러한 와중에 투자자들은 인도와 베트남이라는 매력적인 투자 대상을 발견할 수 있을 것이다. 과거의 중국보다 더 빠른 속도로 과감한 경제 개혁을 추진하고 있는 신흥국 시장에 대해 살펴보자.

#G2 전쟁 #환율전쟁 #양적완화 #골드 ETF
#달러 ETF #2020년 떠오르는 시장 #이머징마켓
#인도 ETF #베트남 ETF

글로벌 환율전쟁과 양적완화에서 찾는 기회

환율을 둘러싼 미중 간 갈등이 전 세계적 환율 문제로 자리매김한 가운데, 세계 각국은 자국 통화의 급격한 강세를 막기 위한 정책을 모색하고 있다. 세계적 환율전쟁의 기본적 모태는 무엇보다 각국이 수출을 장려해 자국 경제성장을 유도하려는 데 있다. 양적완화도 내수 촉진을 위한 재정금융정책 수단으로 과거와 달리 각국이 내수 확대를 통한 경제성장이 제약받고 있는 상황에서, 환율전쟁과 양적완화는 자국 경기를 활성화하고자 하는 것에서 비롯됐다. 세계 경기 사이클이 다시 회복되기 전까지 각국은 환율전쟁과 양적완화를 자국 경제가 탄 수레

마차를 이끄는 두 바퀴로 사용할 것이다.

환율전쟁과 양적완화의 시작

세계 경제 불균형 문제의 이면에는 미국과 중국, 그리고 달러화가 숨어 있다. 세계 경제 불균형의 문제가 본격적으로 제기된 것은 미국 경제가 '닷컴 버블' 충격에서 벗어나 빠른 성장궤도에 진입했던 2003년부터다. 중국은 이전과 비교할 수 없을 만큼 무서운 속도의 수출 성장 가도를 달리며 세계의 공장으로 자리매김했고, 동시에 중국의 대미 무역 흑자와 외환보유고의 폭발적인 증가가 시작된다.

이때부터 중국의 위안화 문제는 미국 정치권의 뜨거운 이슈로 부각됐고 G7과 IMF까지 합세하여 중국을 세계 경제 불균형의 발원지로 지목하고 위안화 절상 압력의 파상 공세를 펼쳤다.

사면초가의 상황에서 중국은 2005년 7월 달러화 고정환율제를 폐지하고 복수통화제 채택을 선언했다. 그 이후 2008년 경제위기가 터지기 직전까지 20%의 위안화 절상이 이루어졌고 다른 주요국 통화에 대해서도 달러화 가치는 하락세를 이어갔다.

그러나 미국의 무역 적자는 줄어들 기미가 보이지 않았고 대중 무역 적자는 오히려 눈덩이처럼 불어나기만 했다. 1985년 플라자 협정에 이어 환율 재조정이 미국의 무역 적자 해법이 아니라는 사실이 다시 한번 입증되었던 것이다. 하지만, 환율을 둘러싼 논란은 미중 양국 정부 간 그리고 학계 내에서 계속되어왔다.

2001년 중국의 WTO 가입과 함께 중국 수출에서 미국 시장이 차지하는 비중은 30%에서 20%대 초반으로 급격히 하락했다. 중국의 수출 시장 다변화로 미국 시장의 중요성은 점차 축소되었지만 중국 정부는 외환보유고를 이용해 미 국채를 비롯한 달러화 자산 매입에 총력을 기울였다. 2002년 말 2,864억 달러에 불과했던 중국의 외환보유고는 2019년 말 기준 3조 1,079억 달러로 급증했다.

2005년 중국이 복수통화제 채택을 선언했지만 달러화 자산이 70%에 가까운 압도적인 비중을 차지하고 있어 복수통화제는 그저 이름에 불과하고 사실상 달러화 연동제가 지속되는 것이다. 중국 정부 입장에서 달러화에 집중한 중국의 외환보유고는 결과적으로 달러화 헤게모니를 인정한 셈이고, 외환보유고를 높이 쌓아올리면서 중국 정부는 어느 국가보다 달러화의 운명에 사활을 걸게 된다. 달러화 가치를 지키는 것이 곧 중국의 이익을 지키는 일이 된 것이다.

중국 정부의 미 국채 매입은 과거 부시 행정부의 승산 없는 이라크 전쟁과 아프가니스탄 전쟁에 정부 재정을 쏟아붓고 부자 감세를 과감하게 밀어붙여 재정 적자를 늘려나갈 때, 중국 정부가 뒷돈을 대준 것이나 마찬가지이다. 또한 미국의 기준금리를 역사상 유례없이 낮은 수준으로 끌어내리는 데도 큰 몫을 담당했다. 그 덕에 미국의 부동산 시장은 전대미문의 호황을 누렸고 덩달아 민간 소비도 급증했다.

그 과정에서 미국의 쌍둥이 적자는 눈덩이처럼 불어났고 달러화 가치는 빠르게 하락했다. 미국 정부는 무역 적자 축소로 이어질 것을 기대하며 달러화 가치 안정에 무관심한 정책으로 일관했다. 인플레이션을 우려한 연준이 2004년 중반부터 서서히 금리 인상에 나서자, 달러화 강세를 원하지 않는 미국 정부는 2005년부터 중국을 비롯한 대미 흑자국들을 상대로 평가절상을 압박하여 성공을 거두었다.

당시 시장의 관심은 중국과 일본을 비롯한 동아시아의 중앙은행이 보유한 달러화 자산 매각에 나설 것인지에 집중했다. 그 순간 달러화 폭락 사태가 시작될 것이라는 우려 때문이었다. 그러나 시장의 우려는 기우에 그쳤다. 오히려 중국을 비롯한 동아시아 국가의 외환보유고는 2005년 이후 더욱 빠른 속도로 증가했다. 달러화 가치 하락세가 본격화되자 민간투자자들은 달러화를 팔아치우고, 원자재상품 투기에 눈을 돌리는 동안 동아시아 중앙은행들은 그 공백을 메우며 달러화 지키기에 혼신을 기울였다. 그 결과 중국의 외환보유고는 2003년 말 4,000억 달러에서 2006년 10월에 1조 달러를 넘어섰고, 2009년 4월에는 그 두 배가 넘는 2조 달러를 기록하는 폭발적인 증가세를 보였다.

2003년 이후 미국의 거품경제는 수출을 통한 중국의 고속 성장과 동전의 양면이었다. 방식이야 어쨌든 양국의 경제성장이 지속되는 한 그 공생관계를 해체할 이유가 없었고, 세계 경제 불균형은 서로의 필요에 의해 더욱 악화될 수밖에 없었다. 중국과 미국의 경제적 공생관계는 2008년 금융위기 이후에도 계속 유지되고 있다. 위기 이후 미국의 경기부양책은 자연히 대중 무역 적자 확대로 이어졌다. 2010년 들어 G20이 서로를 손가락질하며 환율전쟁을 벌이는 동안, 미국의 대중 무역 적자는 위기 이전 수준보다 더 큰 폭으로 확대되었다.

트럼프 대통령 당선 이후, 미국 정부는 대미 흑자국들에 대해 환율 재조정 압박 수위를 높이기 시작했다. 자국 여론을 고려한 포퓰리즘적

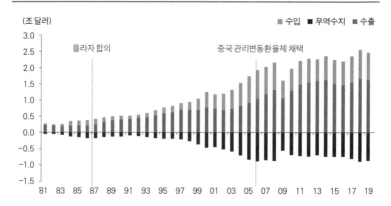

자료: 블룸버그, 대신증권 리서치센터

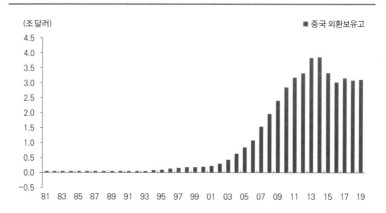

자료: 블룸버그, 대신증권 리서치센터

인 정치적 의도가 깔려 있지만 미국이 얻고자 하는 또 다른 경제적 이득을 추구하는 게 분명해 보인다.

G2 무역분쟁이 불러온 환율전쟁의 또 다른 서막

2018년 미중 패권다툼으로 시작된 무역분쟁이 환율전쟁으로 옮겨가는 양상이다. 미국의 중국 위안화 절상 압력과 그에 대해 중국의 반대 입장을 둘러싼 논쟁이 환율전쟁의 발단이다. 2019년부터 미국은 2000년대 이후 줄곧 이어져오던 위안화 절상 논쟁에 대한 수위를 높이기 시작했다. 저평가된 위안화로 인해 미국 수출품의 가격경쟁력은 약화됐고, 미국 측의 위안화 절상 압박에 대해 중국 측은 위안화 환율 문제는 현재의 미국 경상수지 적자의 직접적인 원인이 아니라고 반박하고 있다.

미중 간 패권다툼이 도래한 전과 후, 환율전쟁의 원인을 보면 차이가 있다. 패권다툼 전 환율전쟁의 원인은 글로벌 달러 약세, 즉 세계 주요국 통화들에 대해 공통적으로 약세를 보이기 시작한 달러가 각국으로 하여금 환율 걱정을 하도록 부추겼다. 2000년대 들어 지속된 미국의 대규모 경상수지 적자에 설상가상으로 2008년 글로벌 금융위기 때 구제금융을 위해 엄청난 달러가 풀려 달러의 약세는 사실 불가피한 것이다. 이에 각국은 달러 대비 강세가 되어버린 자국 통화의 가치를 수출 장려 등 자국 성장 엔진이 멈추지 않게 하기 위해 방어에 나서는 형국이었다.

패권다툼이 재발한 현재, 미중 환율전쟁의 바탕에는 표면적으로 수출경쟁력을 포기하지 않으려는 중국과 이에 맞서 대중 무역 적자 해소를 위해 '위안화 절상'을 외치는 미국 정부로 비칠 수 있다. 하지만 간과하지 말아야 할 게 있다. 중국이 수출경쟁력을 포기할 수 없듯이 미국은 달러화 헤게모니에 기초한 독보적인 금융경쟁력을 포기할 수 없다는 점이다.

1980년대 선진국 경제는 금융 개방과 자유화 노선을 채택하고 금융시장 점유율 경쟁에 돌입했다. 1990년대에는 미국의 주요 교역국 가운데 수많은 개발도상국들이 외환위기를 겪으며 자발적으로 혹은 서구의 힘에 의해 강제로 금융시장을 개방했다. 현재 미국의 교역국 가운데 미국 금융자본의 진출이 억제되고 있는 나라는 중국뿐이다. 미국을 비롯한 선진국 금융자본은 중국 위안화 가치 변화에 관심 없다. 중국 정부가 금융시장을 어떤 속도로 어느 수준까지 개방하는지가 중요

▶ 그림 3. 연준 기준금리 추이

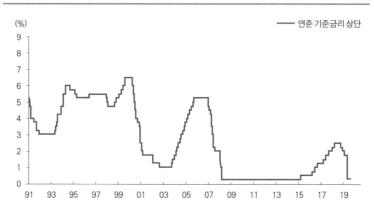

자료: 블룸버그, 대신증권 리서치센터

할 뿐이다.

　미국의 금융회사들과 선진국 금융자본이 글로벌 금융경쟁력을 발휘하기 위해서는 타국 금융시장의 개방과 자유화가 필요하다. 빠른 속도로 성장하는 중국의 자본시장은 글로벌 금융자본에게 막대한 수익 창출 기회를 제공하고 그 이익을 공유하는 국내 동맹 세력을 키워 글로벌 금융자본의 정치적 영향력까지 확대되는 결과를 가져온다. 중국은 아직까지 세계공장이라는 위상을 바탕으로 환율 문제에서 자신감을 보일 수 있겠지만 미국의 금융경쟁력에 대적할 수 없는 것이 중국의 현실이다.

　또한, 2019년 하반기부터 금리 인하 카드를 쓰고 있는 소위 미국의 양적완화 정책은 신흥시장 국가들 간의 환율전쟁을 부추기고 있다. 수출가격 경쟁력 약화를 우려해 신흥시장국의 외환시장 개입을 강제하

▶ **그림 4. 연준 대차대조표 추이**

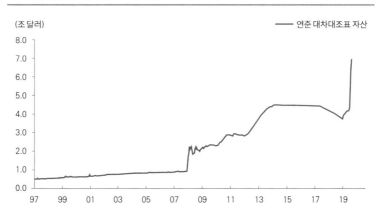

자료: 블룸버그, 대신증권 리서치센터

고 달러 기반의 외환보유고는 계속해서 늘어나 최종 수혜자는 당연히 미국일 수밖에 없다. 환율전쟁과 양적완화는 신흥시장 국가들과 미국의 특별한 공생관계를 이어주는 자금 순환에 가속도를 붙이고 그 과정에서 미국 금융회사들은 신흥시장국에서 고수익 투자 이익과 환차익까지 얻는다. 달러화 헤게모니의 철옹성은 지속될 수밖에 없고 세계적 환율전쟁은 앞으로도 쳇바퀴 돌 듯 계속될 것이다.

모든 불확실성을 타개하기 위한 강구책으로서의 달러와 금 투자

환율을 둘러싼 미중 간 갈등이 세계 각국으로 확산되는 양상을 보이자, 개발도상국들 역시 달러 약세에 따른 자국 통화의 급격한 강세를 막기 위한 정책을 다각도로 모색하고 있다. 이처럼 환율을 둘러싼 분쟁이 더 심화되는 것은 역설적으로 환율이 그만큼 중요하다는 것을 말해준다.

세계 환율전쟁의 기본적 요인은 무엇보다 개별국이 자국 화폐 절하를 통해 수출을 활성화하여 자국 경제성장을 유도하려는 데 있다. 최근 유럽 등 대부분의 경제권은 내수 부진을 겪고 있고 미국도 트럼프 행정부 들어 조세 감면으로 추가적인 재정정책 실행에 제약을 받고 있다. 이에 따라 대부분의 주요 경제권은 수출을 통해 총수요를 확대하고 자국의 경기 회복을 꾀하고 있어 환율전쟁은 불가피한 양상이다.

2008년 글로벌 금융위기가 발생한 이후 주요 선진국들은 경제 정상화를 위해 정책금리 인하, 양적완화(QE) 등 금융완화정책을 적극 실시하였다. 선진국의 금융완화정책으로 글로벌 유동성이 풍부해지면서 국제 원자재 시장 및 신흥국으로 자본 유입이 크게 늘어나고, 이는 국제 원자재 가격의 상승 요인으로 작용하는 한편, 신흥국의 주가 상승 및 통화가치 절상 등을 통해 실물경제로 파급되었다.

세계 경제가 부진한 모습을 보이는 현 상황에서 선진국이 경제 정상화를 위하여 정책금리를 큰 폭으로 인하하면 신흥국도 경기 둔화 방어 등을 위해 정책금리를 인하할 수밖에 없다. 특히, 수출 의존도가 상대적으로 높은 신흥국의 경우 선진국 정책 당국이 금융 완화를 위해 정책금리를 인하하면 내외금리차 확대에 따른 환율 절상과 이에 따른 수출 둔화 등을 우려하여 통화정책을 완화 기조로 운영하려는 경향이 커진다.

내수 확대가 어려운 주요 경제국이 자국 화폐 절하를 통해 수출을 늘리고 이를 통해 경기를 활성화하고자 하는 데서 환율전쟁이 비롯되었듯이, 양적완화 역시 마찬가지다. 경기 둔화와 같은 위기 극복을 위해 유동성을 공급하는 것으로, 공통적으로 성장 둔화를 초래하는 부정적 요인을 상쇄하고자 하는 정책들이다. 환율전쟁과 양적완화라는 수단이 적극적으로 실시될 세계 경제 모습이 도래할수록, 위험 역시 커진다는 의미로 받아들일 수 있다. 결국, 불확실성에 대응할 수 있는 손쉬운 투자 방법은 '달러'와 '금'에 투자하는 것이다.

금 ETF 중 가장 인기 있는 상품은 GLD(SPDR Gold Trust ETF, 미국 상장)이다. 금괴에 투자하는 대표 상품으로 GLD의 골드바는 HSBC USA의 창고에서 실물로 보관하고 있다. 미국 달러에 투자하는 대표적 ETF는 UUP(Invesco DB US Dollar Index Bullish Fund ETF, 미국 상장)이다. 도

금 ETF 상세 개요: SPDR Gold Trust(티커: GLD)

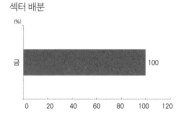

설정일	04/11/18
추종지수	Engelhard Gold Index
운용사	SSgA Funds Management Inc
총보수(%)	0.4
자산 유형	Commodity ETF
주요 투자 지역	Global
지수 가중	Single Asset
총자산(100만 달러)	57,820
20일 평균 거래대금(100만 달러)	1,928.9
거래소	NYSE
발행주식 수(주)	380,800,000
현재가(달러)	164.7
52주 최고가	165.0(20/05/20)
52주 최저가	120.2(19/05/22)

섹터 배분

TOP 10 Holdings

기업명	비중(%)
1. SPOT PHYSICAL GOLD	100
2.	
3.	
4.	
5.	
6.	
7.	
8.	
9.	
10.	

달러 ETF 상세 개요: Invesco DB U.S. Dollar Index Bullish Fund(티커: UUP)

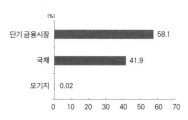

설정일	07/02/15
추종 지수	Deutsche Bank US Dollar Index Long Future Index
운용사	Invesco PowerShares Capital Mgmt LLC
총보수(%)	0.75
자산 유형	Alternative ETF
주요 투자 지역	United States of America
지수 가중	Single Asset
총자산(100만 달러)	1,013
20일 평균 거래대금(100만 달러)	41.4
거래소	PCQ
발행 주식 수(주)	20,400,000
현재가(달러)	26.85
52주 최고가	28.9(20/03/19)
52주 최저가	24.6(20/03/09)

섹터 배분

TOP 10 Holdings

기업명	비중(%)
1. ICE US DOLLAR INDEX FUTURE JUN 2020	100
2.	
3.	
4.	
5.	
6.	
7.	
8.	
9.	
10.	

주: 2020년 05월 20일 기준
자료: 블룸버그, 대신증권 리서치센터

이체방크롱US달러선물지수를 추종하는 UUP의 경우 달러의 가치가 상승할 때 수익이 날 수 있도록 달러를 보유하며, 나머지 6개 통화에 대해서는 숏 포지션을 취하고 있다.

2020년 전망: 환율전쟁, 양적완화를 통해
각국의 경기 부양 노력 지속

미중 무역분쟁은 1단계 합의 서명이 이뤄지면서 세계 경제의 불확실성은 다소 걷히는 것 같지만, 두 나라의 패권다툼은 여전히 진행 중이다. 2019년 8월, 미국의 대중국 환율조작국 지정은 향후 중국의 인위적이고 추가적인 위안화 절하 조치를 막기 위한 경고성 조치이자 중국과의 무역 협상에 유리한 위치를 차지하기 위한 전략적 조치지만, 언제든 환율은 양국 간 불거질 수 있는 문제라는 것을 확인시켜줬다.

G2 패권다툼이 가져온 세계 환율의 변동성 확대는 국제 무역에서 수출입 기업에 추가적인 비용과 위험 부담으로 작용한다. 환율의 변동성이 클수록 교역을 통해 기대할 수 있는 이익의 불확실성이 커지므로 기업 입장에서는 위험 부담을 줄이기 위해 생산량과 수출을 조정할 수밖에 없다. 또한, 환율의 변동성 확대는 금융시장의 불확실성을 확대할 뿐 아니라 소비와 기업의 투자 등 경제 전반에 영향을 미친다.

G2 간 통상마찰이 가져온 세계 교역량 감소와 금융위기 이후 세계 경제를 견인했던 미국 경제의 성장 활력도 2019년 하반기부터 둔화되는 상황이다. 특히 2020년은 중국에서 발생한 코로나바이러스감염증-19(이하 '코로나19') 사태가 전 세계로 확산되면서 세계 경제성장의

둔화 속도가 빨라질 전망이다. 특히, 세계의 공장이라고 불리는 중국의 경제성장률은 6%대에서 1%대로 앞자리가 바뀌며 경착륙 우려 또한 높아질 것이다.

대부분의 경제권이 더 이상 내수 확대를 통한 경제성장에 제약을 받을 수밖에 없는 상황에서, 대외적으로 자국 화폐 절하를 통한 수출을 장려할 것이며, 대내적으로 금리 인하와 같은 금융완화정책을 바탕으로 2020년 경기 부양을 위한 노력이 가시화될 수밖에 없다. 어떻게 보면 다가오는 위기의 강도가 커지는 만큼 적극적인 대응을 통해 금융자산의 내실을 공고히 다지는 데 힘써야 한다는 의미로 안전자산으로서 금과 달러의 수요는 지속될 것이다.

금은 달러가치의 하락과 사회의 불안이 커질수록 수요가 증가한다. 2020년은 11월 미국 대선을 앞두고 견고한 경제성장을 통해 재선을 꿈꾸는 트럼프의 외교·경제정책 영향으로 달러의 제한적 약세가 예상된다. 세계 경제의 부진이 지속될수록 내가 가진 돈과 자산의 가치가 떨어지지 않을까 하는 걱정이 커지면서 금 가격은 완만한 상승을 지속할 것이다.

달러는 가장 안전한 자산이라는 수식어처럼, 위기 도래 시 급격한 강세를 나타낸다. 중국에서 발생한 코로나19 사태는 과거 사스보다 위험 수위가 높아 유행 종료까지 수개월이 소요될 전망이다. 달러화 가치의 상승 압력이 상존하는 가운데, 향후 도래할 예기치 못한 위기상황에서 달러 강세의 변동 폭보다 원화 평가가치 절하 폭이 더 커져 환차익을 얻을 수 있는 점은 위기 대응을 헤쳐나가는 데 도움이 될 것이다.

▶ 그림 6. 달러 비상업 순매수 포지션 추이

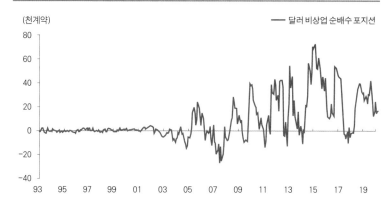

(천계약)   —— 달러 비상업 순배수 포지션

자료: 블룸버그, 대신증권 리서치센터

▶ 그림 7. 금 비상업 순매수 포지션 추이

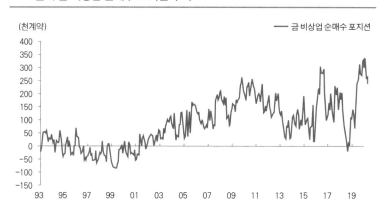

(천계약)   —— 금 비상업 순매수 포지션

자료: 블룸버그, 대신증권 리서치센터

글로벌 위기 속, 떠오르는 시장에 주목하라

동전의 양면처럼, 위기가 도래하면 한편으로 희망을 꿈꾸는 마음도 커지게 된다. 세계 경제의 불확실성이 커지고 있는 시점이지만, 그 가운데서도 풍부한 젊은 노동력을 바탕으로 필연적으로 성장할 수밖에 없는 인도, 베트남은 '포스트 차이나'로 불릴 만큼 빠른 속도로 중국을 위협하고 있다. 특히, 정부의 과감한 경제 개혁과 투자 의지, 풍부한 해외 자본 유입은 향후 인도, 베트남 경제성장의 원동력이 될 것이다. 올해 불확실성이 커지는 투자 환경에서도 성장이라는 기대감을 바탕으로 인도, 베트남의 매력은 부각될 수밖에 없다.

불확실성과 함께 피어나는 희망 찾기: 인도와 베트남 시장

중국 경제의 성장 활력이 둔화되는 가운데, 신흥국 내 높은 경제성장률을 유지하고 있는 인도, 베트남이 관심의 대상이 되고 있다. 두 국가 모두 경제개방정책을 계기로 자원 재분배를 도모하며 경제적 성과를 거두고 있는 대표적 신흥국다. 그런 의미에서 두 국가의 장기 성장을 전망하기 위해서는 과거의 성장 패턴을 살펴봐야 한다.

인도 경제의 성장 패턴을 살펴보면 1980년을 기점으로 전반기와 후반기로 나누어진다. 전반기는 독립 후 1979년까지 약 30년간의 기간으로 식민지 지배로 왜곡된 경제 구조와 시장 실패를 바로 잡기 위해 대부분의 기간산업을 국가가 관장했다. 또한 외국 자본에 수탈당한 경험 때문에 외국인 투자를 배척하는 한편 수입 대체 정책으로 기간

산업을 육성해 경제 자립을 이루고자 했다. 이 시기는 연평균 3.5%의 GDP 성장률과 1인당 GDP 성장률이 1.3%에 불과한 저성장 시대이자, 마이너스 성장을 한 해가 4번 있는 등 성장률 변동도 컸다.

후반기는 1980년 이후 현재까지 약 30년에 가까운 기간으로 이 시기는 규제 완화 및 개혁개방이 추진되었고 연평균 5.9%의 성장률이 시현되었다. 외환위기를 겪은 1991년 이후 네 차례를 제외하고는 성장률이 4%를 상회하며 견실한 성장세가 지속되었다.

특히, 적극적인 개혁개방 정책을 추진한 1991년부터 2003년 동안 높은 성장을 할 수 있었다. 1991년 외환위기를 극복하기 위해 인도 정부는 1990년대 내내 적극적인 개혁개방 정책을 추진했다. 원자력, 철도 운송 등 공공 부문과 일부 허가 대상 업종을 제외하면 기업 설립이 자유롭게 되었고, 무역 및 외국인 투자도 대폭 개방되었다. 그 결과 2004~2007년 4년간 연평균 8%에 이르는 성장세를 이어갈 수 있는 기반도 이 시기에 구축되었다.

인도 경제의 구조 변화는 개발도상국이 선진국으로 진입하는 과정에서 타 개발도상국과 매우 다른 양상을 보인다. 통상 농수산업 중심에서 광공업 중심으로 이전한 다음 서비스업 중심 사회로 귀결되는 수순을 따르지만, 인도는 광공업 중심으로 이전하는 단계를 거치지 않고 농업 중심에서 바로 서비스업 중심으로 이전했다. 과거 몬순에 좌우되는 천수답 경제였지만 어느새 수리답 경제로 탈바꿈했다. 서비스업의 성장세가 유지된다면 5~6% 정도의 경제성장률을 보여줄 수 있는 경제 구조를 갖추게 된 것이다.

베트남은 중국과 같이 사회주의체제를 유지한 가운데, 시장경제 시스템을 받아들여 경제적 성과를 거둔 대표적 국가이다. 베트남은 1980년 중반 재정 적자 누증, 물가 불안 등 취약한 경제 상황을 극복하고자 소위 '도이머이$_{doi\ moi}$'라는 경제 개혁, 개방 정책을 실시했다.

개혁개방 정책 도입 이후 발전 상황을 정책 내용과 성과에 따라 도입기(1986~1994년), 전환기(1995~2006년), 정착기(2007~현재)로 구분할 수 있다. 도입기는 1986년 제6차 공산당 대회를 계기로 쇄신을 의미하는 도이머이 정책을 도입하여 10여 년간 농업 개혁, 시장경제체제 이행, 대외 개방 등을 위한 제도적 기반을 구축했다. 이러한 초기 제도 개혁은 1994년 미국의 경제 제재 조치 해제 이후, 국제사회로부터의 원조가 본격화되면서부터 경제적 성과를 뒷받침했다.

전환기는 외국인 투자에 초점을 맞춰 경제성장 전략을 수립했던 시기로 대외적으로 시장 개방, 대내적으로 국영 기업 개혁에 주력했다.

▶ 표 1. 인도 경제 시기별 특징

	경제 자립기		경제성장기	
	1기(1951~1965)	2기(1966~1979)	3기(1980~1990)	4기(1991~2003)
특징	경제계획제와 사회 안정 추진기	경제 암흑기	점진적 규제 완화기	적극적 개혁 개방기
연평균 성장률	3.6%	3.4%	4.7%	5.4%
경제성장 견인 산업	전기, 가스, 수도 (11.2% 성장)	–	금융(11.0% 성장)	통신(18.4% 성장)
주요 정책	인프라 기간산업 육성	수입대체 및 국유화 정책	규제 완화	대폭 대외 개방

자료: 대신증권 리서치센터

외교 경제적 관계 정상화의 핵심 사안으로 미국과 1995년 국교를 수립하였으며, 2000년에는 무역 협정을 체결했다. 국제기구에는 1995년 ASEAN에 처음으로 가입했으며, 1998년에는 APEC에도 가입했다. 시장 개방 효과가 외국인 직접투자 유치로 이어질 수 있도록 외국인투자법(1996년, 2000년)을 제정해 외국인 투자에 대해 각종 세제 감면 혜택을 제공했다.

대내적으로는 국영총공사를 설립(1994~1996년)하여 주요 국영기업의 통폐합을 통한 운영 합리화를 도모했다. 또한 신국영기업법 제정(1995년)을 통해 국영기업의 주식회사화를 추진하고 외국기업과의 합작에 관한 법적 근거를 마련했다.

정착기는 2007년 WTO 가입을 계기로 글로벌 경제체제에 본격 편

▶ 표 2. 베트남 발전 상황별 정책 내용

도입기 (1986~1994년)		전환기 (1995~2006년)		정착기 (2007~현재)	
연도	정책	연도	정책	연도	정책
1986	도이머이 채택	1995	미-베트남 국교 수립, ASEAN 가입, 신국영기업법 제정	2007	WTO 가입
1987	국영기업 개혁에 관한 법 제정, 외국투자법 제정, 가격자유화 실시	1998	APEC 가입	2008	ASEAN-일본 FTA 발효
1994	국영총공사 설립, 미국의 경제 제재 해제	2000	베트남, 미국 상호무역 협정체결	2009	중소득국 진입
				2015	베트남-한국 FTA 체결 베트남-EU FTA 체결

자료: 대신증권 리서치센터

입되었으며 현재까지 대외지향적 성장 방식의 공고화에 주력하고 있다. 베트남의 WTO 가입으로 산업 및 경제 관련 정책, 제도가 국제 기준에 부합하도록 정비됨으로써 베트남의 교역 및 투자 여건에 대한 불확실성은 근본적으로 해소했다.

베트남 경제 개혁, 개방정책의 특징은 시장가격체제를 신속하게 도입하고 개혁 초기부터 국내 자본시장의 취약성을 극복하기 위해 대외원조 및 외국인 직접투자 유치와 관련된 각종 개방정책을 적극적으로 추진했다. 결국 베트남은 높은 수준의 성장세를 이어가면서 2차, 3차 산업을 중심으로 고도화가 진행 중이다.

코로나19 영향 희석될수록 이머징 투자에 대한 관심 증가

2018년부터 불거진 G2 간 패권전쟁의 소용돌이가 신흥국에 뭇매로 작용하면서, 중국과 경제적 연관도가 높은 신흥국가들의 수출 타격과 금융시장 변동성은 커질 수밖에 없었다.

중국은 미국의 대중국 관세 부과로 줄어들 수밖에 없는 수출경쟁력을 환율 측면에서 방어하기 위한 발버둥으로 위안화 약세를 암묵적으로 용인하는 처지였다. 이러한 위안화 약세는 수출 의존적 성장 전략을 추구하고 있는 한중일 3국의 외환시장 개입을 강제하며, 수출경쟁력 악화를 저지하기 위한 3국의 환율 경쟁을 부추겼다.

올해인 2020년부터는 G2 간 1단계 무역 합의로 그동안 신흥국 발목을 붙잡았던 불확실성이 다소 완화되고 11월 미국 대선을 앞두고 트럼프의 정책 노선도 신흥국을 자극하는 정책으로 일관하기보다는 자국 경기 부양에 집중할 것이다. 이에 따라 온기가 신흥국으로 확산되며 올해 하반기부터 신흥국에 대한 관심이 높아질 가능성이 크다.

먼저 중국 정부의 경기부양책 발표가 연초부터 이어지면서 중국 및 신흥국 증시에 대한 기대심리가 높아질 수 있다. 인민은행은 1월 6일부터 지준율을 50BP 인하하고 대형 은행 및 중소형 은행의 지준율을 각각 12.5%, 10.5%로 조정했다. 지준율 인하를 통한 기업의 조달 비용 경감을 지원키 위한 목적이 크다(총 8,000억 위안, 1,150억 달러의 유동성 공급 효과가 예상).

또한, 코로나19 발생에 따른 실물경기 둔화를 막기 위한 중국 정부의 대대적인 경기 부양 노력도 불가피해, 경기 부양에 대한 시장 기대가 점진적으로 신흥국 증시의 변동성을 낮추는 데 도움을 줄 것이다.

두 번째는 신흥국 금융시장 안정을 초래할 달러화 약세가 예상되는 점이다. 상반기에는 코로나19로 일시적인 달러 강세가 나타났지만, 하반기에는 유로존과 신흥국의 지표 개선세가 가시화되면서 미국과의 경기 모멘텀 축소 기대가 커지고 11월 대선을 둘러싼 미국 내 정치적 불확실성이 높아질 수 있다는 점은 달러화에 하방 압력을 가할 것이다.

세 번째는 연준의 완화적 통화정책 기조가 상당 기간 지속될 가능성이 크다는 점이다. 미국 내 소비 경기가 완만하게 둔화하고 있어 수요 측면에서 물가를 자극할 가능성은 낮아 보이고, 공급 측면에서도 수입 물가 상승이 미국의 소비자 물가 전반에 미치는 영향은 제한적일 것이다.

2019년 미중 간 갈등이 완화되면서 신흥국 자금 유입이 활발한 모습이었고 중국이 글로벌 통화 완화에 동참하면서 신흥국 위험자산 선호 심리가 강화되었다. G2 화해 모드가 불러온 정책 불확실성 완화는 경기 회복 기대감을 높여가고 있었다는 점에서, 코로나19 사태가 금융시장에 미치는 충격이 완화되어 갈수록 신흥국 관심은 높아질 것으로 판단하고 있다.

과거의 중국보다 빠르게 성장하는 인도와 베트남의 경제 속도

중국은 전반적인 생산요소 비용 상승으로 과거 생산기지로서의 역할이 축소되고 있다. 높아진 최저임금, 토지가격 상승, 그리고 수급 균형이 깨지고 있는 노동시장을 바탕으로 경제 전체의 경쟁력이 낮아지고 있는 것이다.

세계 2위의 경제대국으로 자리 잡게 한 중국의 과거 성장 모델이 더 이상 효과를 내지 못하는 끝자락에서 그 자리를 인도와 베트남이 잠식하기 시작했다.

인도는 1991년 시작된 신경제정책, 즉 개혁개방 정책이 인도 경제의 체질을 본질적으로 바꿔 놓았고 고성장 모멘텀으로 발현되고 있다. 산업 및 수출입 부문의 규제를 포지티브에서 네거티브 방식으로 바꿨고, 외국인 투자 및 외환 관리 규제도 대폭 완화했다. 공공 부문도 방위산업, 원자력, 철도를 제외하고 모두 개방되었으며 법인세율과 관세율은 지속적으로 낮아졌고 중소기업 범위도 대폭 축소됐다.

이러한 변화는 민간투자는 물론 외국인 직접투자와 간접투자까지 늘리기 시작해 규제 완화 → 고투자 → 고성장 → 규제 완화 지속이라는 선순환 고리가 본격적으로 작동하기 시작한 것이다. 인도의 성장 속도가 빨라지면서 인프라 병목 현상이 심화됐지만 이를 인식한 인도 정부가 대대적인 인프라 투자를 벌이고 있어 인도 고성장의 모멘텀은 더욱 강화될 것이다.

베트남은 지난 30여 년간 연평균 6%대 중반의 높은 성장세를 지속하고 있다. 도이머이 이전 5%에 미치지 못했던 GDP성장률은 도입기 6.1%, 전환기 7.2%, 정착기 6.2%를 기록하며 견고한 성장세를 이어가고 있다.

베트남은 개혁개방 초기 전형적인 농업사회였던 만큼 저소득으로 인한 취약한 내수 기반을 보완하기 위해 수출주도형 성장 전략을 경제성장의 주된 원동력으로 삼았다. 제조업 중심으로 해외 자본을 적극 유치한 것이 유효하게 작용해 수출 호조로 이어졌고, 외국인 투자 기업이 베트남 전체 수출에서 차지하는 비중이 70%를 넘어서게 됐다.

베트남은 제조업의 생산구조를 노동집약적 업종(섬유, 신발 등)에서 기술집약적 업종(전자제품 등)으로 비중을 높여가며, ASEAN 내 타국가들의 수출 주력 품목이 성숙 단계에 돌입한 것과 달리 새로운 수출 주력 품목을 발굴했다. 결국, 2000년대 중반 이후 동아시아의 글로벌 생산네트워크에 빠르게 편입되고 있어 베트남의 고성장은 지속될 것이다.

인도에 투자하는 대표적 ETF는 INDA(iShares MSCI India ETF, 미국 상장)이다. 미국에 상장된 인도 ETF 총 12개 가운데 AUM(2.93B, 5월 20일 기준 이하)이 크고, 운용 비용은 0.69%로 AUM이 큰 상위 5개 ETF 가운데 가장 낮다. 베트남에 투자하는 대표적 ETF는 VNM(VanEck Vectors Vietnam ETF, 미국 상장)이다. MVIS Vietnam Index를 추종하

▶ 그림 8. 인도/베트남 ETF 상세 개요

인도 ETF 상세 개요: iShares MSCI India ETF (티커: INDA)

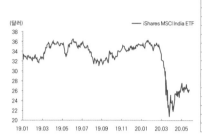

설정일	12/02/02
추종 지수	MSCI India NR USD
운용사	BlackRock Fund Advisors
총보수($)	0.69
자산 유형	Equity ETF
주요 투자 지역	India
지수 가중	Merket Cap
총자산(100만 달러)	2,929
20일 평균 거래대금(100만 달러)	142.2
거래소	Cboe BZX
발행 주식 수(주)	102,550,000
현재가(달러)	26.32
52주 최고가	36.5(19/06/03)
52주 최저가	20.5(20/03/23)

섹터 배분

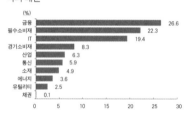

TOP 10 Holding

기업명	비중(%)
1. RELIANCE INDUSTRIES LTD	13.4
2. HOUSING DEVELOPMENT FINANCE CORPOR	8.4
3. INFOSYS LTD AU	7.6
4. TATA CONSULTANCY SERVICES LTD	5.8
5. HINDUSTAN UNILEVER LTD	5.4
6. BHARTI AIRTEL LTD	4.9
7. ICICI BANK LTD	4.8
8. AXIS BANK LTD	2.5
9. ITC LTD	2.0
10. HCL TECHNOLOGIES LTD	1.9

베트남 ETF 상세 개요: VnaEck Vectors Vietnam ETF (티커: VNM)

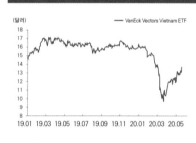

설정일	09/08/11
추종 지수	Market Vectors Vietnam TR
운용사	Van Eck Associates Corporation
총보수(%)	0.63
자산 유형	Equity ETF
주요 투자 지역	Vietnam
지수 가중	Market Cap
총자산(100만 달러)	300
20일 평균 거래대금(100만 달러)	3.5
거래소	Cboe BZX
발행 주식 수(주)	24,000,000
현재가(달러)	13.7
52주 최고가	16.8(19/11/07)
52주 최저가	9.3(20/03/16)

섹터 배분

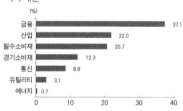

TOP 10 Holding

기업명	비중(%)
1. Vingroup Jsc	7.7
2. Vietnam Dairy Products Jsc	7.5
3. Vinhomes Jsc	7.4
4. Bank For Foreign Trade Of Vietnam Jsc	6.4
5. No Va Land Investment Group Corp	5.8
6. Masan Group Corp	5.4
7. Mani Inc	5.2
8. Vincom Retail Jsc	5.1
9. Hoa Phat Group Jsc	4.8
10. Vietjet Aviation Jsc	4.4

주: 2020년 05월 20일 기준
자료: 블룸버그, 대신증권 리서치센터

는 VNM는 금융 섹터 비중이 37%로 가장 높고, 상위 10개 종목 중 베트남의 삼성이라는 Vingroup 그룹주가 차지하는 비중(20%)이 높다는 특성이 있다.

2020년 전망: RED 인디아, GREEN 베트남. 정부의 경제 개혁과 투자 의지를 바탕으로 성장 기대 지속

정열의 빨강(인도), 싱그러운 녹색(베트남). 포스트 차이나로 거론되는 두 국가의 성장성을 역동적으로 표현하는 데 이보다 더 좋은 표현은 없지 않나 싶다. 세계 경제의 둔화 속에서도 젊은 노동인구, 풍부한 자원이라는 기초체력하에서, 개혁개방을 통해 성장의 체질 변화를 구축해가고 있는 인도와 베트남에 대한 온기는 지속될 수밖에 없다.

인도는 2014년 모디 총리가 취임한 이후 7% 내외의 높은 경제성장률을 달성함에 따라 인도 경제의 성장잠재력을 해외 투자자들이 인정하기 시작했고, 중국 경제의 성장 둔화 가능성을 목도하면서 중국을 보완하는 시장으로서 인도의 중요성에 주목하고 있다.

2019년 신규 투자 활성화와 제조업 육성을 위한 법인세율 인하 등 외국인 투자자의 관심을 끌만한 경기 부양책을 잇달아 내놓고 있어 향후 인도 경기 개선에 긍정적 영향을 미칠 것이다. 또한, 법인세 인하는 제조업과 IT 기업의 제품가격 인하 여력과 R&D 등 지출 확대 여력이 강화된다는 점에서 향후 '모디노믹스'에 대한 기대감이 다시 강화될 것이다.

인도 투자 시 초점을 맞추어야 하는 변수는 개혁개방과 규제 완화 지속이 이뤄지고 있는가다. 1991년 시작된 신경제정책을 통해 인도 경제의 체질을 본질적으로 바꿔 놓았고 모디 총리가 취임한 이후 본격적으로 발현되고 있어 인도 투자의 매력은 부각될 수밖에 없다.

베트남은 도이머이 이후부터 지속된 정부의 적극적인 수출주도형 성장 전략과 공격적인 다자 및 양자 간 FTA 정책으로 빠른 경제성장세를 보여왔다. 적극적으로 유치해온 FDI가 산업화를 진전시켰을 뿐만 아니라 세계적인 전자기기, 섬유, 의류, 신발 등의 생산 거점으로 변모시키면서 수출을 주도하고 있다.

베트남은 연평균 6%대 중반의 성장을 통해 고성장의 모멘텀이 지속될 것이다. 저임금의 풍부한 노동력과 이에 기초한 외국인 투자 제조기업의 경영활동성 약진이 고성장의 배경이 되는 가운데, 천혜의 자연환경을 가진 베트남의 관광산업이 새로운 경제성장의 축으로 부상할

▶ 그림 9. 인도 FDI(외국인 직접 투자)자금 추이

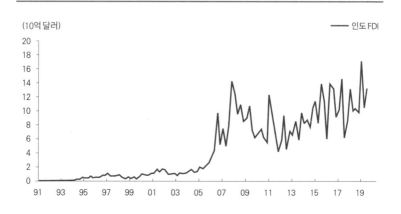

자료: 블룸버그, 대신증권 리서치센터

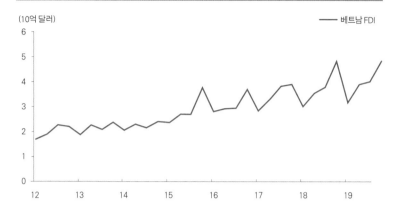

자료: 블룸버그, 대신증권 리서치센터

것이다. 과거 미국, 유럽계 배낭여행객이 찾던 여행지에서 외국 자본의 고급 리조트가 들어서며, 가족 단위 휴양객이 급증하는 휴양지로 변모해가고 있다. 관광산업 수익 창출의 핵심이라 할 수 있는 외국인 여행객의 베트남 국내 지출 역시 증가하고 있어 수출 이외에도 내수 확대를 통한 안정적 성장을 이어가게 해주는 역할을 해줄 것이다.

코로나19 영향력이 희석되어 갈수록 신흥국 투자 환경의 불확실성이 완화되며 성장 모멘텀을 갖춘 신흥국가에 대한 관심은 높아질 수밖에 없다. 설령 예측 불가능한 위험이 다가온다 하더라도 마음 한구석 피어오르는 희망의 아이콘으로 인도와 베트남이 대안이 되기에 충분하다.

"투자 범위를 세계로 확대한다고 해서
시스템 리스크까지 피할 수 있는 것은 아니다.
가끔 시장은 드라마처럼 하락한다.
그렇더라도 글로벌 투자는 훨씬 넓은 범위에서
위험을 분산하는 기회를 제공한다.
이것은 전적으로 위험 관리다."

– 켄 피셔 Kenneth Fisher, 《주식시장은 어떻게 반복되는가》

문남중

대신증권 리서치센터 연구위원. 금융감독원 금융교육 전문강사 인증을 받았으
며 한국경제TV, MTN 머니투데이 등 방송미디어를 통해 글로벌 전략에 대한
패널 활동을 하고 있다. 서강대학교 경제대학원 석사, 중앙대학교 경제대학원
박사를 통해 경제 분야에 대한 학문과 식견을 넓혔으며, 2006년 대신증권에
입사해 대신경제연구소를 거치며 금융 분야의 전문성을 키워왔다.

불모지나 다름없던 국내 ETF 시장에서 ETF에 특화된 투자 전략 리포트를 발
간해오면서 ETF시장 저변 확대를 위한 소통에 노력해왔다. 대한민국 국민 누
구나 쉽게 금융에 대한 이해와 관심을 높이고 금융 속에서 피어나는 기회를 누
릴 수 있도록, 국내 최고의 글로벌 전략가로서 금융 길잡이·소통가가 되는 것
이 바람이다.

인공지능은 ETF 투자의
'신의 손'이 될까?

글·김형식(크래프트테크놀로지스 대표)

크래프트테크놀로지스는 2019년 5월 딥러닝 기술을 적용한 AI ETF를 뉴욕증권거래소에 상장했다. 약 1년이 지난 현재 기준으로 AI ETF는 누적 15.7%의 수익을 내고 있다. 이는 벤치마크인 S&P500 지수를 10%포인트 이상 능가한 결과이며 동종 ETF를 모두 크게 능가하는 결과이다.

100% 딥러닝으로 운영되는 AI ETF 뉴욕증권거래소에 상장돼

필자가 몸담고 있는 크래프트테크놀로지스에서 지난 2019년 5월 20일 AI ETF 2종(QRFT, AMOM)을 뉴욕증권거래소에 상장하는 사건이 있었다. ETF는 주식처럼 상장되어 거래되는 펀드이고, AI ETF는 AI가 운용하는 ETF이다. QRFT, AMOM 티커심볼을 가지고 있는 두 인공지능 ETF는 S&P500 같은 미국 대형주 지수와 비슷하지만, 성과에서 S&P500을 아웃퍼폼하기 위한 목적을 가지고 설계되었다. 두 AI ETF는 사람이 전혀 개입하지 않고, 딥러닝 시스템에 의해 100% 운용된다.

S&P500 지수는 미국 주식을 대표하는 세계에서 가장 유명한 인덱스이며, S&P500 인덱스를 추종하는 SPY ETF는 세계에서 가장 큰 ETF다. SPY ETF의 운용자산(AUM)은 약 300조 원, 하루 거래량은 약 20조 원에 달한다. 운용보수는 약 0.1%로, SPY ETF를 운용하는 스테이트스트리트(State Street)는 이 ETF 하나로만 매년 약 3,000억 원의 운용보수를 받는다.

S&P500 인덱스는 1926년에 90개 주식의 인덱스로 시작하여 1957년 500개 주식을 담는 인덱스로 확장되어 지금에 이르고 있다. S&P500 인덱스의 연평균 수익률은 약 10%, 인플레이션 감안 시 약 7% 정도다. SPY ETF의 거대한 운용자산이 증명하듯이, 장기적으로 S&P500 인덱스를 이기는 것은 쉽지 않다. 여러 가지 방식을 시도해보다 미국 주식 투자를 위해서 결국 SPY를 사게 되는 것이다.

QRFT, AMOM은 S&P500 벤치마크를 비슷하게 추종하면서도, 이를 뛰어넘는 성과를 내야 하는 어려운 미션을 딥러닝 기술을 통해 완수하기 위한 목적으로 제작되었다.

AI로 미래 예측이라는 불가능에 다가서다

노이즈가 어마어마하게 끼어 있는 S&P500 인덱스의 미래를 예측하는 것에 딥러닝을 적용하는 수많은 시도가 있어왔다. 하지만 아직까지 성공한 팀은 나오지 않았다. 그리고, 금융 데이터와 딥러닝의 궁합은 상당히 좋지 않았다. 다음은 그 좋지 않은 궁합을 극복하기 위해서 크래프트팀이 어떠한 노력을 했는지를 조금 보여준다.

크래프트팀은 S&P500 인덱스를 예측하려고 하는 대신, 좀 더 안전한 길을 택했다. 팩터 모델에 딥러닝을 적용시키는 것이 크래프트팀이 택한 차선의 길이다. 팩터는 데이터로 장기간 검증되고 학계에서도 인정된 우수한 투자 스타일을 말한다. 가치투자, 모멘텀투자, 소형주투자, 저변동성주식 투자, 퀄리티주식 투자 등이 그것이다.

[그림 1]에서 보듯이 이러한 팩터투자는 장기적으로 우상향하는 모습을 보여준다. 다만, 시기에 따라 좋은 팩터가 각기 다르고 계속 변하고 있다는 것이 좀 아쉽다. 만일, 시기에 따라 좋은 성과를 보여줄 팩터를 골라낼 수 있다면 매우 우수한 성과를 보여줄 것이고, 시가총액 가중 방식인 S&P500 인덱스를 아웃퍼폼할

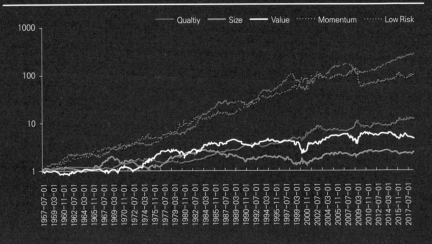

수 있을 것이다. 크래프트팀은 이 팩터를 골라내는 데 딥러닝 기술을 적용했다.

주기적인 학습으로
트레이딩 성과 높여가

먼저, 많은 논문을 읽고 어떤 변수들이 팩터의 성과 예측에 미칠 영향을 추린다. 논문과 경험으로 뽑아낸 수많은 후보를 가지고, 여러 알고리즘에 의한 테스트를 거쳐 최종적으로 인풋 변수를 확정한다.

인풋 변수와 향후 1개월 동안 성과가 좋을 팩터와의 관계는 너무 복잡해서 사람은 선형 관계 정도밖에 찾아낼 수 없다. 그래서, 비선형 관계를 포함한 이 관계를 딥러닝 엔진이 학습을 통해 찾아낸다. 한번 찾아내고 끝나는 것이

아니라, 매일매일 새로운 데이터를 주고 학습을 시켜 관계의 변화도 따라가게 한다. 주가와 같이 룰의 변화가 심한 데이터는 주기적인 학습이 필요하다. 물론 그냥 학습하면 학습이 잘 안 되고, 심한 오버피팅이 생긴다. 이를 방지하기 위해 여러 가지 복잡한 딥러닝 구조들이 동원된다.

▶ 표 1. 어떤 변수가 영향을 미칠지 스크리닝하기 위한 기반 논문들 중 일부

no.	Thesis	Cause	Factor
1	Avramov, D., Cheng, S., & Hameed, A. (2016). Time-varying liquidity and momentum profits. Journal of Financial and Quantitative Analysis, 51(6), 1897-1923.	High Liquidity	Momentum ↑
2	Zhang, L.(2005). The value premium. The Journal of Finance, 60(1), 67-103.	High/Low Economy Activity	Value ↑↓
3	Jensen, G. R., & Mercer, J. m.(2002). Monetary Policy and the Cross-Section of Expected Stock Returns. Journal of Financial Research, 25(1), 125-139.	Monetary Expansion/ Contraction	Value ↑↓
4	Black, A. J., Mao, B., & McMillan, D. G. (2009). The value premium and economic activity: Long-run evidence from the United States. Journal of Asset Management, 10(5), 305-317.	Economic Expansion/ Contraction	(Value-Growth) ↑↓
		Money Supply Increase/ Decrease	Value ↑↓
		Interest Rate Increase/ Decrease	(Value-Growth) ↑↓
5	Asness, C. S., Frazzini, A., & Pedersen, L. H.(2017). Quality minus junk.	Recession, Crises	(Quality-Other Factors) ↑
6	Barroso, P., & Santa-Clara, P.(2015). Momentum has its moments. Journal of Financial Economics, 116(1), 111-120.	High Volatility	Momentum ↓

크래프트테크놀로지스는 지난해 5월 국내 최초로 AI ETF를 뉴욕증권거래소에 상장시켰다. AI 금융시장 개척에 헌신해온 크래프트팀에게 무엇보다 뜻 깊은 날이다. 이날 뉴욕증권거래소 건물에는 '금융과 인공지능의 접점에서'라는 글귀가 쓰인 회사 소개 대형 현수막과 함께 태극기가 휘날렸다.

At the Crossroads of
Finance and Artificial
Intelligence

Classification	No.	Data	Period
Factors	1	Market Return−Risk Free Rate(S&P500)	From 31 July 1926
	2	Quality Factor Long−Short Return	From 31 July 1957
	3	Size Factor Long−Short Return	From 31 July 1926
	4	Value Factor Long−Short Return	From 31 July 1926
	5	Momentum Factor Long−Short Return	From 31 January 1927
	6	Low Risk Factor Long−Short Return	From 31 December 1930
Macro & Valuation	7	Effective Federal Funds Rate	From 1 July 1954
	8	10−Year Treasury Constant Maturity Minus 2−Year Treasury Constant Maturity	From 1 June 1961
	9	Trade Weighted U.S.Dollar Index: Major Currencies	From 1 January 1973
	10	Trimmed Mean PCE Inflation Rate	From 1 January 1978
	11	Shiller P/E Rate	From 1 August 1926
	12	P/E Ratio	From 1 August 1926
	13	10−year Treasury Constant Maturity Rate	From 1 April 1953
	14	M1 Money Stock	From 1 January 1959
	15	M1 Money Stock Rate of Change	From 1 February 1959
	16	Chicago Fed National Activity Index	From 1 March 1967
	17	Moody's Seasoned Baa Corporate Bond Yield	From 1 August 1926

[그림 2]는 학습에 사용한 1980~2005년 트레이닝 데이터셋에 대한 학습 결과다. 학습이 진행될수록, 어떤 팩터가 좋을지에 대한 예측이 잘 되어 수익률이 높아지는 것을 볼 수 있다.

[그림 3]에서 보이듯이, 학습에 사용하지 않은 데이터(테스트 데이터셋)에 대해서도 결과를 내어보니 학습이 진행될수록 성과가 개선되고

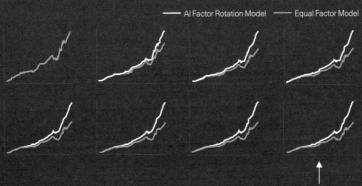

As time goes by, AI model learns to optimally allocate factors with train data set

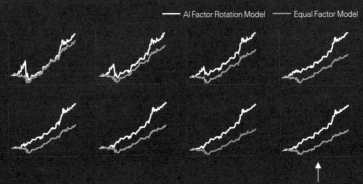

As time goes by, AI model learns to optimally allocate factors with test data set

있는 결과가 나오고 있다. 딥러닝을 통해 향후 1개월 동안 잘 운용될 팩터의 예측에 성공한 것이다. 샤프레이쇼(Sharpe Ratio) 기준으로 보면, 모든 팩터를 1/n로 배분하여 투자한 경우 0.22가, 딥러닝 모델의 예측에 의해 팩터를 배분한 경우 0.38이 나와 리스크 조정 수익률이 크게 개선된 모습을 보여준다.

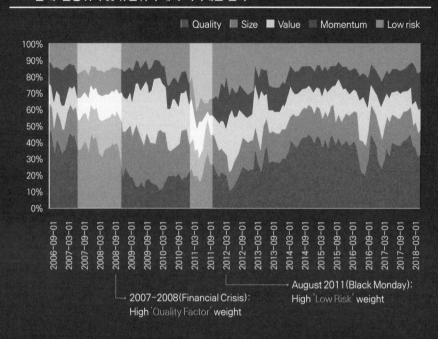

└─ 2007~2008(Financial Crisis):
   High 'Quality Factor' weight

└─ August 2011(Black Monday):
   High 'Low Risk' weight

▶ 그림 5. 팩터 및 팩터로테이션 알파의 크기

Index	DYNF	FCTR	FLQL	GSLC	LRGF	QRFT	SPY	VFMF
Since Inception Return	1.4	1.38	0.42	6.13	−0.95	15.7	5.1	−12.93
1M Return	4.9	10.19	3.64	4.82	4.46	6.91	4.76	6.64
3M Return	−10.51	−5.25	−10.41	−7.96	−12.41	−0.92	−7.94	−17.36
6M Return	−7.16	−3.46	−8.02	−3.84	−9.95	4.39	−4.29	−18.16
1Y Return	−	−	−	−	−	−	−	−
3Y Return	−	−	−	−	−	−	−	−
5Y Return	−	−	−	−	−	−	−	−
Since Inception Annualized Sharpe Ratio	0.2	0.21	0.17	0.35	0.14	0.64	0.32	−0.19
1M Annualized Sharpe Ratio	1.4	2.41	0.88	1.34	0.94	2.6	1.39	1.73
3M Annualized Sharpe Ratio	−0.64	−0.17	−0.65	−0.48	−0.74	−0.03	−0.5	−0.96
6M Annualized Sharpe Ratio	−0.18	0.04	−0.23	−0.0	−0.29	0.39	−0.03	−0.62
1Y Annualized Sharpe Ratio	−	−	−	−	−	−	−	−
3Y Annualized Sharpe Ratio	−	−	−	−	−	−	−	−
5Y Annualized Sharpe Ratio	−	−	−	−	−	−	−	−
Since Inception MDD	−34.72	−35.92	−33.63	−33.69	−36.03	−30.19	−33.7	−41.33
1M MDD	−4.61	−8.63	−5.13	−3.77	−6.18	−3.95	−3.96	−8.82
3M MDD	−32.06	−33.11	−31.33	−30.68	−33.45	−26.48	−30.43	−37.77
6M MDD	−34.72	−35.92	−33.63	−33.69	−36.03	−30.19	−33.7	−41.33
1Y MDD	−	−	−	−	−	−	−	−
3Y MDD	−	−	−	−	−	−	−	−
5Y MDD	−	−	−	−	−	−	−	−

2006년까지 학습시켰기 때문에, 시스템은 2008년 금융위기에 대한 데이터는 모른다. 그럼에도 [그림 4]에서 보이듯이 2008년 금융위기와 2011년 유럽위기 때 각각 'Quality Factor'와 'Low Risk' 팩터에 많은 비중을 배분하여 선방하는 모습을 보여주고 있다.

팩터 효과도 있고, 딥러닝엔진이 매크로와 밸류에이션 관련 인풋 변수를 계속 학습해서 향후 좋을 팩터까지 예측해준다. 2020년 2월 13일 기준으로, 다행히 AI ETF는 과거의 성과와 비슷한 추이를 ETF 상장 후에도 보여주고 있다.

물리적 경계를 넘어 투자의 신세계를 선보이다

QRFT는 상장 이후, 토탈리턴 기준으로 21.68% 올라서 같은 기간 18.71% 오른 S&P500 인덱스를 약 3%포인트 아웃퍼폼했다. 그럼에도, [표 3]에서 보듯이 두 AI ETF와 S&P500의 상관관계는 100%에 가까울 정도로 매우 높다(즉, S&P500 인덱스가 오른 날 AI ETF도 올랐고, 내린 날 같이 내렸다). SPY ETF의 좋은 대체재가 될 실낱같은 가능성이 생긴 것이다. 또한, 같은 미국 대형주 멀티팩터 투자 개념의 ETF인 FCTR(퍼스트트러스트), DYNF(블랙락), VFMF(뱅가드), GSLC(골드만삭스), FLQL(프랭클린템플턴), LRGF(블랙락)을 모두 상당한 차이로 앞서고 있다.

워런 버핏은 본인이 지금까지 부를 축적할 수 있었던 이유로 미국인으로 태어나서 미국에서 살 수 있었던 점, 운이 좋은 유전자와 복리 덕분이라고 말한 바 있다. 1926년 이래 연평균 10% 대의 수익률을 기록한 미국 주식 같은 자산군은 매우 드물다. 앞으로도 자본주의 시스템이 계속 동작하는 이상 세계 1위의 강대국이자 기축통화국, 4차산업을 선도하는 혁신 국가, 선진국 중 유일하게 인구가 증가하고 있는 국가인, 미국 주식의 상대적인 우위는 지속될 것으로 기대된다. 다행히, 이제는 미국에 살지 않아도 미국 주식에 쉽게 투자할 수 있다. 미국 주식의 장기적인 수익률에 인공지능의 팩터 로테이션 알파를 더하여 복리로 불린다면, 미국인으로 태어나서 미국에서 살지 않아도 시간은 우리의 편이다.

김형식

크래프트테크놀로지스 대표이사. 서울과학고등학교, 서울대학교 전기공학을 졸업하고 서울대학교 대학원에서 경제학을 전공했다. 2006년 헬릭스 에셋의 대표를 역임하며 퀀트모델 알고리즘 트레이딩을 시작했다. 2016년 1월 크래프트테크놀로지스의 대표이사로 취임하며 AI 딥러닝 기술을 금융 분야에 접목시켜 업계의 주목을 받았으며, 크래프트의 솔루션을 도입한 미래에셋, 신한은행, 하나은행 등 국내 대표 금융 그룹들을 파트너로 두고 지속적으로 협업하고 있다. 특히 2019년 NYSE에 상장시킨 AI ETF는 현재까지 뛰어난 성과를 기록하고 있어 해외에서의 관심도 점점 높아지고 있다. AI로보어드바이저, AI ETF, AI자동주문집행시스템(AXE)으로 이어지는 밸류체인을 통해 자산운용 시스템의 새로운 패러다임을 제시하겠다는 목표를 가지고 있다.

데이터로 본
2020년 ETF 투자 트렌드

글·김용학(타파크로스 대표)

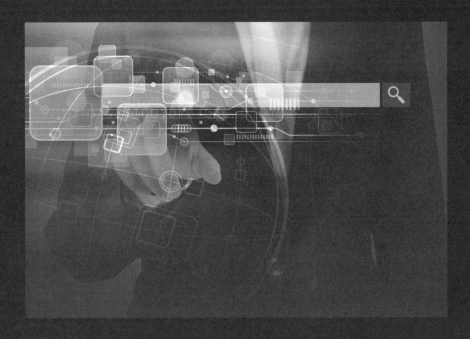

온라인상의 검색 데이터는 지금 이 시대 사람들의 욕망과 관심사를 즉각적으로 나타내는 바로미터다. 최근 한 치 앞도 예측하기 힘든 대변동의 시대에 진입함에 따라, 소셜미디어에서는 '투자' 관련 언급이 급격히 늘어난 것을 볼 수 있었다. SNS상의 지표들을 통해 투자 트렌드를 가늠해본다.

불확실성 시대 맞아
'재테크' 트렌드도 다양해져

최근의 경제 환경을 표현하는 신조어, 이른바 뷰카(V.U.C.A)가 유행이다.

변동성(volatility), 불확실성(uncertainty), 복잡성(complexity), 모호성(ambiguity)의 앞글자를 조합한 단어로서 정치·경제·사회 등 다양한 분야에서 '불확실성'이 커지고 있다는 의미이다. 이와 함께 뉴 노멀(new normal)도 '불확실성'과 함께 '저성장'이라는 특성을 반영하는 키워드로 널리 사용된다. 이렇듯이 2008년 글로벌 금융위기 이후 진행된 세계적인 경제 침체기는 '불확실성'과 '저성장'으로 규정할 수 있다.

이러한 경제 환경의 변화는 기업들로 하여금 생존 전략을 근본적으로 수정하게 만들었으며, ICT 기술 중심의 혁신을 통해 경쟁력을 확보하는 노력을 경주하게 하고 있다. 빅데이터, 인공지능, 사물인터넷, 가상현실, 클라우드 등의 혁신 기술들은 산업 간의 경계를 무너뜨리고, 새로운 개념의 비즈니스 모델을 가능하게 하여 경영 환경을 극한의 경쟁구도로 몰아넣고 있다.

디지털 기술의 발달은 기업 환경의 변화에 멈추지 않고 시민들의 '라이프 패러다임'을 바꾸고 있으며, 이는 소비자 주도의 '시장 메커니즘 변화'로 이어진다. 소비자 니즈(needs)는 아주 빠르게 다양해지고 세분화되고 있을 뿐만 아니라, MZ세대의 문화적 특성을 이해하지 못하고서는 올바른 경제적 통찰이 어려운 상황이다.

대한민국이 마주하고 있는 경제적 위협은 '저성장', '미중 무역전쟁', '지정학적 특성' 외에도 세계에서 유래를 찾기 힘든 '저출산'과 '초고령화' 문제에 있다. 특히, 초고령층의 양적 증가보다 그 속도가 더 심각한 요인이며, 인구 구조의 급격한 변화에 비해 우리의 경제 생태계가 건강하게 준비되고 있지 않다는 점이 더 큰 문제이다. 전체 노동 인구의 35% 이상을 차지하는 밀레니얼 세대의 '워라밸'과 기대수명 100세 시대를 맞이하는 베이비부머 세대의 '두 번 사는 인생'에 대한 욕망은 현재의 경제 상황과 맞물려 '재테크'에 대한 다양한 트렌드를 만들어내고 있다.

빅데이터로 드러나는
투자에 대한 뜨거운 관심

검색 포탈에 '저성장'이라는 키워드를 입력하면 첫 번째 연관 검색어로 '재테크'가 등장하는 것을 확인할 수 있다. 20대 사회 초년생부터 60대 은퇴 세대까지 세대별 특성에 맞춰 다양한 재테크 방안들이 제시되고 있다.

'평생 직장'이란 말이 사라진 지금 20대는 삶의 질을 높이기 위한 종자돈을 만들 필요가 높아지고, 30대는 자녀 교육, 40대는 집 장만, 50대는 노후 자금, 60대는 자산 지키기, 70대는 건강 및 수명 연장 등 필요에 따라 다양한 선택지를 놓고 고민하고 있다.

시민들은 '저성장(연2%)'과 '초 저금리', '마이너스 물가' 시대에 맞춘 '예·적금', '주식', '채권' 등 다양한 금융 상품과 부동산 투자 등을 통해 불안정한 시대를 극복하기 위한 각개 전투가 한창이다. 최근 연 5%의 시중은행 특판

적금 상품이 1초 만에 완판되거나, 12 ·16 부
동산 대책 이후 수원·서울 강북 지역의 아파트
매수세가 증가하는 등의 풍선 효과는 재테크
와 관련된 시장의 행동을 보여주는 좋은 사례
이다.

이렇듯 '초저성장 시대'의 재테크는 '투자'가
아니라 '생존'의 기술로 이해하는 것이 바람직

하다. 생존하기 위해서는 경제 상황에 대한 면
밀한 분석과 무엇보다도 투자하는 자신의 상
황에 대한 냉철한 검토가 더욱 중요하다.

빅데이터 분석 결과도 이를 증명한다.
2017년 이후, 재테크와 관련한 소셜미디어 언
급량이 지속 증가하고 있어, 국민들의 재테크
에 대한 관심도가 급증하고 있는 것을 확인할

▶ **그림 1. 소셜미디어 재테크 언급량 추이 및 관련 상품 관심도 변화**

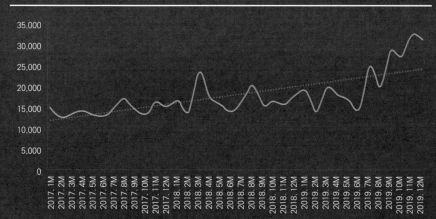

순위	2017년/상		2017년/하		2018년/상		2018년/하		2019년/상		2019년/하	
	연관어	빈도	연관어	빈도	연관어	빈도	연관어	빈도	연관어	빈도	연관어	빈도
1	저축	18849	저축	25380	저축	21331	저축	18284	주식	19760	주식	28954
2	보험	14760	보험	18735	주식	16945	부동산	16858	보험	18302	부동산	21580
3	주식	14029	부동산	17168	보험	16894	보험	15905	부동산	18292	저축	19216
4	부동산	14026	주식	14355	부동산	15677	주식	15441	저축	17003	보험	17381
5	펀드	10984	적금	13303	적금	13077	연금	12348	연금	10720	적금	10970

분석기간: 2017.01.01~2019.12.31
분석채널: 트위터, 페이스북, 인스타그램, 블로그, 카페, 커뮤니티

수 있다.

더불어, 2017년도에는 주로 저축에 대한 관심도가 높았다면, 최근에는 주식에 대한 관심도가 높아진 것을 확인할 수 있다.

뉴 노멀 시대에는
재테크 인식 달라

세계적으로 경제성장률이 자본 수익률(평균 5%)보다 높았던 경우는 20세기 초반에 불과하다. 경제성장률이 축소되는 뉴 노멀의 시대에는 재테크에 대한 인식과 목표, 방법까지 새로운 개념으로 이해할 필요가 있게 되었다. 경제 상황에 대한 '변동성'을 충분히 이해하고, 이로 인한 '기대수익'의 목표와 위험을 적절하게 파악해야 한다.

최근 재테크에 관심이 높은 투자자들에게 각광받고 있는 상품은 바로 ETF다. 일명, 지수 연동형 펀드라고 불리는 ETF는 인덱스 펀드와 뮤추얼 펀드를 결합한 상품으로서, 모든 상장 주식의 수익률을 추종할 수 있는 상품을 일반 주식처럼 거래할 수 있어 접근성이 뛰어난 특징이 있다. 전체 시장 및 특정 산업의 업황에 따라 수익률이 결정되는 대신, 개별기업에 투자함으로써 발생하는 변동성은 적으므로 안정성이 높은 투자 상품이다. 이러한 ETF에 대한 관심은 빅데이터를 통해서도 증명할 수 있다.

빅데이터 분석 결과, 2017년 이래, ETF에 대한 국민들의 관심은 지속적으로 증가해왔다. 특히, 가상화폐 ETF의 허가에 대한 기대가 높아진 2019년 초반에는 관련 관심도가 폭증하기도 했다.

그러나 ETF에 대해 불안과 우려의 시선을

▶ **그림 2. 소셜미디어 ETF 언급량 추이**

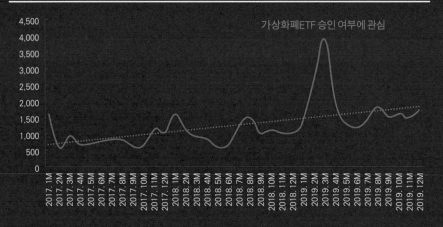

분석기간: 2017.01.01~2019.12.31
분석채널: 트위터, 페이스북, 인스타그램, 블로그, 카페, 커뮤니티

▶ 그림 3. 소셜미디어 ETF 긍부정 언급량 및 긍부정 감성어

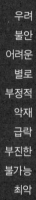
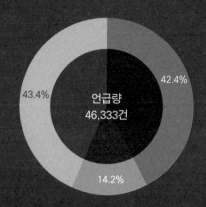

■ 긍정 ■ 부정 ■ 중립

우려	다양한
불안	안정적
어려운	새로운
별로	긍정적
부정적	수익
악재	매력
급락	기대
부진한	혁신
불가능	필요한
최악	상승세

언급량 46,333건
42.4%
43.4%
14.2%

▶ 그림 4. 소셜미디어 재테크 긍부정 언급량 및 긍부정 감성어

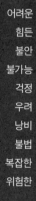
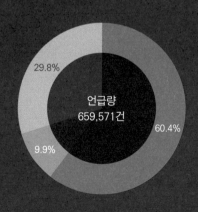

■ 긍정 ■ 부정 ■ 중립

어려운	다양한
힘든	필요한
불안	좋은
불가능	새로운
걱정	유명한
우려	안정적
낭비	수익
불법	행복한
복잡한	쉬운
위험한	빠르게

언급량 659,571건
29.8%
60.4%
9.9%

보내는 사람들도 일부 존재하고 있다. ETF와 관련한 감성 분석 결과, 부정이 약 14.2%를 차지해 재테크 전반에 대한 부정적 시각보다는 좀 더 우려 섞인 시선이 존재하는 것도 사실이다. 부정 감성어 중, 1위로 '우려'가 언급된 점은 이를 방증한다. 이는 재테크 전반에 대한 부정 감성어가 '어려운'이라는 점과 대비된다.

또한, ETF와 관련해 언급되는 단어의 상위에 '하락'이라는 키워드가 존재하는 것도 눈에 띈다. ETF는 주식과 달리 시장이 하락할 때 수익을 내는 '인버스' 종목이 있어서 시장 하락이 예상될 때 적극적으로 대응할 수 있다. 코로나

19 확산처럼 경기 하락이 예상되는 시점에는 투자자들이 '하락', '인버스' 등에 관심을 가질 수밖에 없다. 실제 지난 4월 개인투자자들은 코스피지수 하락에 공격적으로 베팅해 코스피200지수가 하락할 때 두 배로 수익률을 얻는 상품을 1조 원어치 순매수하기도 했다. 같은 기간 삼성전자 순매수액과 비교하면 두 배가 넘는 수치다.

변동성의 위험이 커지는 지금, 안정적인 투자처를 찾는 소비자의 관심은 그만큼 폭증하게 된다. 최근 2~3년간 ETF 투자와 관련된 도서가 출간 러시를 이루는 현상도 이와 무관하

▶ **그림 5. ETF에 대한 국민 인식**

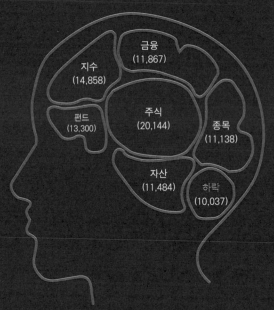

지수
(14,858)

금융
(11,867)

펀드
(13,300)

주식
(20,144)

종목
(11,138)

자산
(11,484)

하락
(10,037)

※ 'ETF에 대한 상위 연관어'로부터 추출

지 않다. 또한, 많은 경제전문지들도 매일같이 다양한 금융기업에서 다루는 ETF 관련 상품의 기사를 쏟아내고 있다. 현재 국내 ETF 시장에는 총 451개의 상품이 상장되어 있고, 그 자산 규모도 50조 원 이상으로 초기에 비해 10배가량 증가했다.

최근 라임자산운용 사태로 불거진 자산운용사에 대한 불신은 역설적으로 ETF에 대한 신뢰로 작용하면서 그 특유의 안전성이 다시 주목받고 있다. 최근 3개월간 ETF 순자산이 무려 6.5조 원 이상 증가했다는 것은 소비자들의 달라진 인식을 증명한다.

글로벌 경제 상황과 ETF의 상품 특성, 자산운용사의 불투명성, 소비자들의 재테크에 대한 욕망이 한데 뭉쳐지면서 2020년은 ETF의 강력한 추세가 지속될 것으로 전망된다.

김용학

㈜타파크로스 대표이사. 성균관대학교 소비자가족학과 겸임교수 및 국가미래연구원 연구위원으로 활동하고 있다. 건국대학교 대학원에서 기술경영 석사 과정을 수료했으며, 2009년에 타파크로스를 창업하여 빅데이터 분석 전문기업으로 위상을 확고히 하고 있다. KBS1R의 '빅데이터로 보는 세상' 및 다양한 매체와 강연을 통해 급변하는 경영 환경에서 세상을 빅데이터로 진단하고 있다. 또한, 데이터의 의미를 통찰하여 소비 트렌드 및 라이프스타일의 변화에 대응하고자 하는 기업에게 컨설팅을 제공하고 있다.
주요 저서로는 《2015 생생트렌드(공저)》, 《빅데이터로 보는 밀레니얼 세대(공저)》, 《쉬코노미가 온다(공저)》 등이 있다.

투자자라면 반드시
알아야 할 법률 지식

글·이일석(김·장 법률사무소 변호사)

내가 피땀 흘려 번 돈을 투자할 때 가장 주의해야 할 것은 무엇인가? 물론 투자를 통한 기대수익률과 손실 위험성에 대한 정확한 판단이다. 그런데 투자 손실은 억울하게도 투자시장 자체에 대한 잘못된 판단 외의 다른 요인에 의해서도 얼마든지 발생할 수 있다. 예컨대, 투자상품을 판매한 사람이 나에게 상품 설명을 잘못했거나, 사기를 당했다거나 혹은 투자 대상이 부도가 나서 투자한 돈을 회수하지 못하는 경우가 그렇다. 법률적으로 이러한 리스크를 최소화할 수 있는 방안은 무엇일까?

투자의 유형

통상 우리가 '투자'라고 하면 주위에서 흔하게 접할 수 있는 주식 투자, 부동산 투자 등 위험 자산에 대한 투자를 흔히 떠올린다. 그러나 투자란 위험을 감수하면서 미래의 수익을 기대하고 현재의 자산을 일정 기간 맡겨두는 것을 의미하므로, 그 범위는 매우 광범위하여 우리가 보통 투자라고 생각하지 않는 범위에 있는 것들도 투자의 범위에 해당한다. 예컨대, 은행의 정기예금에 가입하거나 돈을 지인에게 빌려주는 것도 엄연한 투자 행위이다. 이하에서는 크게 제도권 내(內) 투자와 제도권 외(外) 투자의 경우를 나누어 투자자가 기본적으로 고려해야 할 사항들을 몇 가지 알아보자.

금융기관을 통한 금융투자상품 투자 시 고려사항

최근에는 HTS, MTS 시스템 등을 통해 컴퓨터나 스마트폰을 이용하여 직접 주식이나 ETF 상품 등을 매매하거나 직접 온라인으로 예금, 펀드에 가입하는 사례가 많아졌다. 그러나 여전히 기성세대를 중심으로 금융기관 창구를 통해 금융기관 직원의 상품 권유 및 설명을 직접 받아 인덱스 펀드를 포함한 ELS/DLS 등 위험성이 높은 파생상품까지도 가입하는 사례들이 많다.

서두에서 설명한 바와 같이 우리의 투자 의사결정은 투자상품의 수익률과 위험성에 기초한 것이다. 주식, ETF, 인덱스펀드 등 위험자산에 대한 투자 여부 및 규모를 결정할 때 투자자는 국채나 정기예금 등 무위험자산 대비 추가적으로 부담하는 위험에 대해 어느 정도의 보상이 돌아올 수 있는 것일까를 고려한다.[*] 여기에 투자자의 리스크 감수 능력(ability)과 리스크 회피(risk aversion)[**] 성향(willingness), 즉 재산 및 투자 규모, 투자 목적, 투자 성향 등을 함께 고려하여 투자 대상과 일치되는 접점이 있다고 판단하면 투자 의사결정을 하게 된다.

이에 자본시장과 금융투자업에 관한 법률은 금융투자업자가 일반투자자를 상대로 투자 권유를 하는 경우에는 금융투자상품의 내용, 투자에 따르는 위험 등을 일반투자자가 이해할 수 있도록 설명하도록 하고, 위 설명을 함에 있어서 투자자의 합리적인 투자 판단 또는 해당 금융투자상품의 가치에 중대한 영향을 미칠 수 있는 사항을 거짓 또는 왜곡(불확실한 사항에 대하여 단정적 판단을 제공하거나 확실하다고 오인하게 할 소지가 있는 내용을 알리는 행위)하여 설명하거나 중요사항을 누락하지 않도록 정하고 있다(제47조 설명의무). 또한, 금융투자업자가 투자 권유를 하는 경우 투자자의 투자 목적, 재산 상황 및 투자 경험 등에 비춰 투자자에게 적합하지 않은 상품을 권유해서도 안된다(적합성의 원칙).

[*] 재무적으로 그 보상은 무위험수익률(risk-free rate)과 투자 대상의 보유기간 기대수익률(HPR: Holding Period Return)과의 차이로 측정하는데 보통 이를 리스크 프리미엄(risk premium)이라고 한다.

[**] Zvi Bodie·Alex Kane·Alan Marcus,《투자론(Investments, 제7판)》, 이영기·남상구 옮김, 한국맥그로힐, 2014, 148면 이하 참조.

상품 판매 과정에서 설명 의무 위반이 있어 불완전판매가 인정되는 경우 금융투자업자는 그 위반으로 인하여 발생한 고객에게 손해를 배상해야 한다(제48조). 다만, 실제 소송에서 금융투자업자에게 손해배상책임이 있는지 여부는 개별 고객의 지식, 경험 등이 고려되고, 판매 과정에서 이루어진 권유의 내용이 상담 직원과 고객마다 차이가 있으므로 동일한 상품이라고 하더라도 손해배상책임 인정 여부는 고객마다 달리 판단될 여지가 있다.

대법원도 과거 키코(KIKO) 상품의 불완전판매가 문제된 사안에서 금융기관이 일반 고객과 사이에 전문적인 지식과 분석 능력이 요구되는 장외파생상품 거래를 할 경우에는 고객이 그 거래의 구조와 위험성을 정확하게 평가할 수 있도록 거래에 내재된 위험요소 및 잠재적 손실에 영향을 미치는 중요인자 등 거래상의 주요 정보를 적합한 방법으로 명확하게 설명하여야 할 의무가 있으나, 고객이 이미 그 내용을 충분히 알고 있는 경우에는 그러한 사항에 대해서까지 금융기관에 설명 의무가 인정된다고 할 수 없다고 하여(대법원 2013. 9. 26. 선고 2013다26746 판결), 금융투자상품의 특성 외에, 투자자의 투자 경험 및 능력 등을 종합적으로 고려해 동일한 투자상품, 동일한 설명이라도 개별 고객에 따라 그 의무 위반 여부를 달리 판단하고 있다.

따라서 투자자로서는 자신이 금융투자상품 가입 시 자신의 투자 성향 및 경험 등에 대해 솔직하게 밝혀야 하고, 자신이 위험을 감수할 능력이 없거나 원금 손실의 위험을 감수할 의지가 없음에도 판매자가 해당 상품이 안전한 것처럼 오인할 수 있는 표현 등을 사용하여 투자 권유 행위를 하였는지 여부 등을 명확히 확인한 후 가입하는 것이 필요하다. 특히, 문제가 되는 것은 DLS·ELS 등 원본 손실의 위험이 높은 파생상품 등의 경우에 포지션이 청산당할 위험이 있는 조건들에 대해 "설마 그런 일이 발생하겠어요", "이론적으로 발생할 수는 있지만 그런 일이 발생하면 대한민국이 망한다고 봐야죠"라는 등의 표현을 사용하여 상품 가입을 적극 권유하는 경우 등이 있으니 유의할 필요가 있다.

한편, 주로 불완전판매가 문제되는 투자자는 전문적인 금융지식이 부족한 고령자, 퇴직자, 주부 등이 그 대상인 경우가 많으므로 본인이 이에 해당한다고 생각한다면 상품의 특성을 명확히 파악했는지 한 번 더 생각해보고 가입 여부를 결정하는 것이 좋다. 참고적으로, 투자 대상과 관련한 증권신고서, 투자설명서 등에 대해 기본적인 사항은 직접 검토해보는 습관을 기르는 것도 중요하다.* 만약, 증권신고서, 투자설명서 중 중요사항에 관하여 거짓 기재, 기재 누락으로 인한 피해를 입은 경우 발행 회사를 상대로 손해배상책임을 물을 수 있다(제125조).

---

* 다트(http://dart.fss.or.kr/) 등 전자공시 사이트를 통해 투자 대상 기업의 사업보고서는 물론 증권발행 등과 관련한 기본적인 공시 사항들을 확인할 수 있으므로 투자 결정 시 한 번 해당 사이트에 들어가서 살펴보는 것도 도움이 될 수 있다.

제도권 외에서의 투자
: '원금 보장' 또는 '고수익'으로
유혹하는 유사수신행위

최근에는 각종 개인 매체가 발달하면서 인터넷 동호회나 유튜브 등을 통해 투자 분야의 소위 '전문가'라는 사람들이 회원들로부터 신뢰를 얻고, 투자 수익을 보장하면서 금원을 받아 편취하는 사례들도 있다. 보통은 피해를 입은 사례들을 보면서 '왜 바보같이 저런 일에 속지?' 하면서 쉽게 넘어가지만, 누구에게나 위와 같은 일은 발생할 수 있다. 유사수신행위* 를 하는 자들은 대부분 '원금 보장' 또는 '고수익'이라는 미끼를 던져 일반 투자자들의 관심을 끌지만, 최근에는 '시세보다 약간 높은 수익률'을 받을 수 있다는 식으로 기망하여 투자를 받으려고 하기도 한다. 보수적인 피해자들에게도 좀 더 신뢰를 얻기 쉽기 때문이다.

투자 방법이라고 소개하는 내용은 매우 다양한데, 전통적인 주식이나 부동산 투자를 통해 수익을 얻는다고 하는 경우는 물론, FX마진거래·핀테크 등 생소한 금융기법을 통해 수익을 얻는다고 선전하는 경우, 우리나라에서 최초로 개발된 가상화폐라고 주장하면서 코인 수량이 한정되어 있는 희소성으로 인하여 가격이 상승할 것이라고 선전하는 경우, 상장 불가능할 업체임에도 불구하고 상장될 수 있을 것처럼 비상장주식을 매입토록 유인하는 경우 등이 그런 예이다.

그런데 제도권 외에서 이루어지는 투자는 그러한 투자가 실제로 이루어지는지 검증하기가 어렵고, 그러한 투자가 이루어진다고 하더라도 투자 성격상 투자 실패의 확률이 높아 투자가 실패로 돌아갈 경우 투자금을 회수하기 어려운 경우가 많으므로 주의해야 한다. 또한, 투자금을 받는 데서 더 나아가 계좌 비밀번호, 주식 거래 목적의 증권카드 사본 등 개인 신용정보를 제출토록 요구하는 경우에는 절대 응하지 않아야 한다. 이러한 경우에는 자신의 투자금을 돌려받지 못할 뿐만 아니라, 자신의 이름으로 대포통장이 만들어져 보이스피싱 등 다른 범죄에 연루될 가능성도 있다.

사인 간의 금전 대여

지인이 급전이 필요하다고 돈을 빌릴 때는 대부분 은행 금리보다 높은 이자를 주겠다면서 돈을 빌려달라고 부탁하는데, 이는 돈을 빌려주는 사람의 입장에서 보면 은행보다 변제하지 않을 위험(credit risk)이 높은 사인(私人)에 대해 그만큼의 프리미엄을 더 받는 것이라고 할 수 있다. 즉, 돈을 돌려받으면 은행금리보다 많은 이자를 받겠지만, 은행보다 돈을 회수할 가능성은 높은 이자만큼 떨어진다. 지인에

---

* "유사수신행위"란 법령에 따른 인허가를 받지 아니하거나 등록·신고 등을 하지 아니하고 불특정 다수인으로부터 자금을 조달하는 것을 업(業)으로 하는 행위로서, 장래에 출자금의 전액 또는 이를 초과하는 금액을 지급할 것을 약정하고 출자금을 받는 행위 등을 의미하는데, 누구든지 이러한 행위를 하여서는 안 된다(유사수신행위의 규제에 관한 법률 제2조, 제3조). 쉽게 말해, 변호사 자격 없는 자가 변호사 활동을 하거나, 의사 자격이 없는 자가 의료 행위를 하는 것과 같이, 자격이 없는 자가 불특정 다수를 상대로 일종의 금융업을 행하는 경우라고 볼 수 있다.

계돈를 빌려줄 때는, 인세든시 돈을 떼릴 수 있다는 위험을 인정하고 돈을 빌려줘야 한다.

그렇다면 돈을 빌려줄 때 어떠한 점을 유의해야 최소한 법률적으로 돈을 받는 데 위험을 최소화할 수 있을까? 실제 분쟁이 발생했을 때 법원이 가장 중요하게 생각하는 것은 (1) 양 당사자가 서명 또는 날인한 계약서 및 (2) 계약서에 따라 이루어진 금전 거래 기록이다. 우리나라에서는 가까운 사이일수록 계약서 작성 등이 몰인정한 행위라고 치부하는 경향이 있지만 이는 매우 잘못된 것이다.계약서는 통상 2부를 작성하여 각자 간인 및 서명 또는 날인하여 1부씩 나눠 가지는 것이 안전하다. 계약서의 명칭은 '차용증서', '각서', '금전대여계약서' 등 어떤 것이든 무관하고, 금전거래의 당사자, 금액 및 이자, 차용날짜, 변제기 등 해당 거래의 내용이 명확히 기재되어 있고, 양자의 서명 또는 날인이 있다면 크게 문제가 없다.

다만, 해당 계약서를 작성한 자가 금전거래의 당사자와 일치한다는 점을 명확히 하기 위해서, 양 당사자의 주민등록번호와 주민등록증, 운전면허증 등 신분증 사본을 첨부하고, 계약서 본문과 함께 간인하는 것이 좋다. 물론 인감 날인 후 인감증명서까지 첨부하는 것이 가장 안전하지만, 고액의 금전이나 부동산 거래가 아닌, 소액의 금전거래에서 인감증명서까지 첨부하는 것이 일반적이지는 않다. 공증을 받으면 제3자가 해당 거래가 있었다는 점을 확인해 주어 보나 확실하시만, 반드시 공증을 받아야만 계약의 효력이 인정되는 것은 아니다.

다음으로, 금전 거래 기록은 계좌이체 내역이 가장 일반적인데, 혹시 현금으로 돈을 빌려준 경우에는 채무자가 돈을 받았다는 내용의 영수증 등 별도의 증거서류를 작성하여, 계약서와 마찬가지 형식으로 서명 또는 날인하여 보유하는 것이 좋다. 섣불리 현금만을 덜컥 빌려주고 달리 채권자가 채무자에게 돈을 대여했다고 볼 만한 객관적인 기록이 없는 경우, 분쟁 발생 시 법원은 계약서 내용대로 돈을 대여한 증거가 없다고 판단할 가능성이 있기 때문이다.

한편, 사인 간의 거래에서 채무자가 일정한 재산이 없거나, 하던 사업이 망하여 채무자 명의로 가지고 있는 재산이 전혀 없게 되는 경우를 배제할 수 없다. 이미 사인 간에 거래를 한다는 것은 일반적인 제도권 내에서의 대출 등이 어려운 단계일 확률이 높기 때문이다. 이러한 경우 계약서를 작성했고, 이후 분쟁 발생 시 법원이 채권이 존재한다고 판단해주더라도 채권자는 현실적으로 빌려준 돈을 회수하지 못할 가능성이 높다. 따라서 돈을 빌려주기 전에 채무자의 차량이나 부동산에 저당권 등 담보를 설정하는 방법이나(물적 담보), 연대보증인을 확보하는 조치를 취하는 것(인적 담보)이 필요하다.

이일석

변호사. 2008년 사법시험(제50회)에 합격하고, 2009년 서울대학교 경제학부를 졸업하였다. 사법연수원을 수료한 뒤 2014년부터 김·장 법률사무소에 재직 중이며, 금융, 가상화폐 등의 분야와 관련된 자문 및 민형사 소송 업무를 담당하고 있다. 2015년에는 CFA(Chartered Financial Analyst, 국제재무분석사) 자격을 취득하였다.

ETF TREND

KOREA FIRST ETF MEDIA

로그인 회원가입 고객센터

고객라운지 ETF 트렌드

2020년 주목해야 할 ETF 하이라이트

글·ETF트렌드랩

● **바이러스 위기 이후 급성장할 증권시장에서 기회를 잡아야**

(김영익)

미국 주가는 장기적으로 상승해왔기 때문에 주식을 싸게 살 수 있는 기회를 제공하겠지만, 그 이전에 진통의 기간이 필요하다. 경제위기 이후 중국의 경제 체질이 강해질 것이고, 증권시장도 빠르게 성장할 것이다. 중국 내수 1등주 투자를 통해 금융으로 우리 국부를 늘릴 수 있는 기회가 다가오고 있는 것으로 보인다. 한국 주가는 명목 GDP 대비 지나칠 정도로 과소평가되고 있다. 코로나19가 진정될 조짐이 나타난다면 그 시기나 속도가 빨라질 수 있다. 인내가 필요하겠지만, 주식시장의 복원력을 기대해보면서 장기 투자를 해야 할 시기이다.

	ETF 종목	코드	구분
1	TIGER 미국S&P500레버리지(합성 H)	225040	미국 레버리지 ETF
2	TIGER 차이나CSI300레버리지(합성)	204480	중국 레버리지 ETF

● 지금 당장 정액적립식 분할 매수로 꾸준한 수익 노려야(강흥보)

2020년 현실적인 ETF 투자 전략을 제안한다. 2020년 4월부터 증권계좌를 개설해서 코덱스200 ETF를 나의 월 저축 여력 자금의 10%씩 매달 투자한다. 코스피 지수와 상관없다. 2020년 코스피가 1600포인트를 이탈하는 시기가 올 것으로 보고 있다. 1600포인트를 이탈하면, 기존 투자에 월 저축 여력 자금의 20%씩을 추가로 투자한다. 그러다 코스피가 1900포인트 대에 올라서면 그동안 분할 매수했던 ETF 총 투자금의 70%를 수익 청산한다. 이후로는 같은 방식으로 코덱스200 ETF를 월 저축 여력 자금의 30%씩 매달 분할 매수해 코스피 지수와 상관없이 3년 동안 투자한다.

기술적 분석으로 봤을 때 국내 지수가 저점 대비 반등했지만, 더 큰 충격이 2020년 한 번 더 있을 것이라고 판단하고 있다. 2021년 상반기까지는 코스피가 2000포인트를 넘기기 어렵기 때문에 박스 장세의 대응도 고려해야 한다.

	ETF 종목	코드	구분
1	KODEX 레버리지	122630	국내 주식
2	KODEX 코스닥150 레버리지	233740	국내 주식

● ETF로 균일한 분산 투자 운용할 수 있어(김은미)

세 가지 자산군 정도로 분산 투자는 누구나 ETF로 해볼 수 있다.

▲ 부동산과 같이 지대(地代) 또는 임대(賃貸) 소득과 같은 소득(Income)을 추구하는 ETF

▲ 사업과 같이 위험을 감수하고 이익을 추구하는 주식 포트폴리오로 구성된 ETF

▲ 현금 또는 예금과 유사한 성격의 ETF

등을 균일하게 담는 포트폴리오가 가능할 수 있을 것이다. 이렇게 하면 계좌를 관리할 때에도 3가지 역할에 해당하는 ETF가 각각 1/3씩 균등하게 자른 케익처럼 고르게 배분되어 있는지 확인도 비교적 용이할 것이다.

	ETF 종목	코드	구분
1	KODEX 종합채권(AA-이상)액티브	A273130	소득(Income)
2	KBSTAR 중장기국공채액티브	A272570	
3	KINDEX 중장기국공채액티브	A168580	
4	KODEX 국고채3년	A114260	
5	KBSTAR 국고채3년	A114100	
6	TIGER 국채3년	A114820	
7	KOSEF 국고채3년	A114470	
8	KINDEX 중기국고채	A114460	
9	KODEX 미국S&P고배당커버드콜(합성 H)	A276970	
10	TIGER 200커버드콜5%OTM	A166400	
11	KODEX 선진국MSCI World	A251350	글로벌 주식
12	SMART 선진국MSCI World(합성 H)	A208470	
13	ARIRANG 선진국MSCI(합성 H)	A195970	
14	KODEX 단기채권	A153130	단기 채권
15	KODEX 단기채권PLUS	A214980	
16	TIGER 단기채권액티브	A272580	
17	ARIRANG 단기채권액티브	A278620	

● 리츠, 고배당, 금/채권 등 투자도 ETF로 다양화(전 균)

부자아빠가 되는 방법은 여러 가지이다. 비용 대비 효과가 높은 투자 방법 중에 하나가 '인컴(Income) 자산' ETF이다.

▲ REITs의 안정적인 수익을 추구하는 REITs로 구성된 부동산 ETF

▲ 배당수익률 초점을 맞춘 배당주 ETF

▲ 채권이자를 얻을 수 있는 국채나 회사채 ETF

'인컴(Income)' ETF를 적립식으로 모아두는 것이야말로 저금리 환경에서 부자아빠가 선택할 수 있는 습관 중에서 훌륭한 대안이다.

	ETF 종목	코드	구분
1	KINDEX 미국다우존스리츠 ETF (합성 H)	A181480	리츠 ETF
2	TIGER 미국MSCI리츠 ETF (합성 H)	A182480	
3	KINDEX 싱가포르리츠 ETF	A316300	
4	TIGER 부동산인프라고배당 ETF	A329200	
5	ARIRANG 고배당주	A161510	고배당 ETF
6	KBSTAR 대형고배당10 TR	A315960	
7	KODEX 배당가치	A325020	
8	KBSTAR KQ고배당	A270800	
9	KODEX 고배당	A279530	
10	TIGER 코스피고배당	A210780	
11	HANARO 고배당	A322410	
12	KODEX 골드선물(H)	A132030	금/귀금속 ETF
13	TIGER 골드선물(H)	A319640	
14	KODEX 은선물(H)	A144600	
15	TIGER 금은선물(H)	A139320	

	ETF 종목	코드	구분
16	KODEX 종합채권(AA-이상) 액티브	A273130	회사채/글로벌채권 ETF
17	KBSTAR 중기우량회사채	A136340	
18	KBSTAR 금융채액티브	A336160	
19	ARIRANG 우량회사채50 1년	A239660	
20	TIGER 미국달러단기채권	A329750	
21	TIGER 단기선진하이일드(합성H)	A182490	
22	ARIRANG 미국장기우량회사채	A332620	
23	ARIRANG 미국단기우량회사채	A332610	

● 커버드콜 ETF, 버퍼 ETF로 하락장에 대비하라(김훈길)

증시가 폭락하는 일은 드물지만 완만한 하락장은 언제든 우리를 찾아올 수 있다. 그런 상황에서 커버드콜 ETF는 효과적인 투자 대상이다. 증시가 더 이상 상승하지 못하고 변동이 심할 것으로 예상될 때, 그리고 투자자가 매매 차익이 아닌 꾸준한 배당 수익을 원할 때, 이 두 조합 하에서 최선의 투자 대상이 될 수 있는 것이 바로 커버드콜 ETF인 것이다.

버퍼 ETF는 기본적으로 커버드콜 ETF와 마찬가지로 투자의 리스크를 완화하고자 할 때 필요한 ETF이다. 향후 증시가 상승하지 못하거나 혹은 하락 전환이 우려될 때 관심을 가질 만한 종목이다.

	ETF 종목	코드	구분
1	Invesco S&P500 BuyWrite ETF	PBP	커버드콜 ETF
2	Global X S&P500 Covered Call ETF	HSPX	
3	Global X NASDAQ 100 Covered Call ETF	QYLD	
4	Innovator S&P500 Buffer ETF January	BJAN	버퍼 ETF
5	Innovator S&P500 Power Buffer ETF January	PJAN	
6	Innovator S&P500 Ultra Buffer ETF January	UJAN	
7	Innovator S&P500 Buffer ETF – April New	BAPR	
8	Innovator S&P500 Power Buffer ETF – April New	PAPR	
9	Innovator S&P500 Ultra Buffer ETF – April New	UAPR	
10	Innovator S&P500 Buffer ETF – July	BJUL	
11	Innovator S&P500 Power Buffer ETF – July	PJUL	
12	Innovator S&P500 Ultra Buffer ETF – July	UJUL	
13	Innovator S&P500 Buffer ETF – October	BOCT	
14	Innovator S&P500 Power Buffer ETF – July	POCT	
15	Innovator S&P500 Ultra Buffer ETF – October	UOCT	

● 증시 하락 구간을 대비한 경기방어 ETF(김훈길)

증시 급등 구간에서는 대체로 경기민감주가 크게 오르고 경기방어주는 부진한 경향을 보인다. 반대로 증시 하락 구간에서는 주로 경기방어주가 우수한 성과를 보이고 경기민감주는 부진한 수익률을 보인다. 경기민감주로 분류되는 업종은 자유소비재, 산업재, 원자재, 부동산,

IT 섹터 등이다. 반면 대표적인 경기방어주로는 필수소비재, 유틸리티, 헬스케어 섹터 등이 있다.

2020~2021년 경기 하강과 증시 변동성 상승에 대응하는 가장 무난한 전략은 경기방어주에 투자하는 방법이다.

	ETF 종목	코드	구분
1	Consumer Staples Select Sector SPDR Fund	XLP	필수소비재 ETF
2	Vanguard Consumer Staples Index Fund ETF Shares	VDC	
3	iShares U.S. Consumer Goods ETF	IYK	
4	Utilities Select Sector SPDR Fund	XLU	유틸리티 ETF
5	Vanguard Utilities Index Fund ETF Shares	VPU	
6	iShares U.S. Utilities ETF	IDU	
7	Health Care Select Sector SPDR Fund	XLV	헬스케어 ETF
8	Vanguard Health Care Index Fund ETF Shares	VHT	
9	iShares Nasdaq Biotechnology ETF	IBB	

● 위기 속에서 빛나는 안전 자산, 골드 ETF와 달러 ETF 눈여겨봐야(문남중)

2020년은 대부분의 경제권이 환율전쟁과 양적완화를 통한 경기 부양 노력을 가시화할 수밖에 없다. 다가오는 위기의 강도가 커지는 만큼 적극적인 대응을 통해 금융자산의 내실을 공고히 다지는 데 힘써야 한다는 의미로 안전자산으로서 금과 달러의 수요는 지속될 것이다.

금은 세계 경제의 부진이 지속될수록 자산의 가치가 떨어지지 않을까 하는 걱정이 커지면서 완만한 가격 상승이 지속될 것이다. 달러는 '가장 안전한 자산'이라는 수식어처럼, 위기가 오면 급격한 강세를 나타낸다. 위기 상황에서 달러 강세의 변동 폭보다 원화 평가가치 절하 폭이 더 커 환차익을 얻을 수 있는 점도 위기 대응을 헤쳐 나가는 데 도움이 될 것이다.

	ETF 종목	코드	구분
1	SPDR Gold Trust ETF	GLD	금 ETF
2	Invesco DB US Dollar Index Bullish Fund ETF	UUP	달러 ETF

● 2020년 떠오르는 시장… 인도 ETF, 베트남 ETF에 주목하라

(문남중)

세계 경제의 불확실성이 커지고 있는 시점이지만, 그 가운데서도 풍부한 젊은 노동력을 바탕으로 필연적으로 성장할 수밖에 없는 인도, 베트남은 '포스트 차이나'로 불릴 만큼 빠른 속도로 중국을 위협하고 있다. 특히, 정부의 과감한 경제 개혁과 투자 의지, 풍부한 해외 자본 유입은 향후 인도, 베트남 경제성장의 원동력이 될 것이다.

세계 2위의 경제대국으로 자리 잡게 한 중국의 과거 성장 모델이 더 이상 효과를 내지 못하는 끝자락에서 그 자리를 인도와 베트남이 잠식하기 시작했다.

	ETF 종목	코드	구분
1	iShares MSCI India ETF	INDA	인도 ETF
2	VanEck Vectors Vietnam ETF	VNM	베트남 ETF

ETF 투자에 도움이 되는 사이트

글 · ETF트렌드랩

● ETF 전문 미디어 〈ETF 트렌드〉

https://www.etftrend.co.kr

　대한민국 최초의 상장지수펀드(ETF) 전문 미디어 사이트로 ETF시장 동향과 국내외 전문가의 ETF시장 분석을 투자자에게 제공한다. 특히 국내에 보도되지 않는 미국 시장의 글로벌 ETF 소식과 이슈를 'ETF 뉴스룸'에서 빠르게 확인할 수 있다. 'ETF 투자 전략'에서는 'ETF트렌드포럼' 전문가를 중심으로 ETF 시장 분석과 투자 전략을 얻을 수 있다. 또 '뉴스레터'를 구독하면, 놓치면 안 될 ETF 이슈와 관련 소식을 모아 주 1회 발송해준다. 국내외 기관, 전문가와 협업해 ETF 포털로 진화 중이다.

● 〈ETF 트렌드〉 유튜브

https://www.youtube.com/ETFTREND

〈ETF 트렌드〉 유튜브 채널은 김영익 교수의 거시경제 분석과 강흥보 센터장의 기술적 분석을 기반으로 금융 시장을 정교하게 전망하는 영상을 만날 수 있는 곳이다. 글로벌 경제 흐름과 경제지표에 대한 깊이 있는 인사이트가 자산 배분과 투자 전략 수립에 도움을 준다. 이 밖에 ETF 기초 이해부터 고급 투자 팁까지 ETF 투자에 필요한 정보를 재미있고 쉬운 영상 콘텐츠로 제공한다.

● 코덱스 홈페이지

http://www.kodex.com

KODEX 사이트는 2002년 국내 처음으로 'KODEX200'을 상장하며 ETF시장의 문을 연 삼성자산운용의 브랜드 사이트다. 삼성자산운용의 KODEX ETF 순자산은 2020년 1분기 기준 약 25조 2,690억 원으로 ETF시장 점유율 53.59%로 독보적인 1위다. ETF 자산운용사 홈페이지는 ETF 상품을 투자하기 전에 해당 상품의 간이 투자 설명서를 보기 위해서라도 꼭 들려야 할 곳이다. 각종 시장 리포트도 제공한다.

● 하나금융투자 리서치센터

https://www.hanaw.com/main/research/research/RC_080000_P.cmd

하나금융투자 리서치센터는 주요 언론사와 기관투자가 평가에서 4년째 리서치센터 1위를 차지했다. 국내 증권사 중 베스트 애널리스트가 가장 많고, 커버리지 종목 수도 가장 많다. 기업분석실, 코스닥벤처, 자산분석실, 글로벌리서치 팀에서 68명의 애널리스트들이 섹터별 실시간 보고서를 쏟아낸다.

● 인베스팅닷컴

https://kr.investing.com

인베스팅닷컴은 실시간 시세, 포트폴리오, 차트, 최신 금융 뉴스, 주식 시장 데이터를 제공하는 금융 포털이다. 상단 '시장'에서 'ETFs'로 들어가면 국내 ETF뿐만 아니라 해외 ETF, 주요 ETF의 정보를 볼 수 있다. 기출 차트를 제공하고 있어 따로 HTS를 사용하지 않고도 웹 사이트 또는 인베스팅닷컴 전용 모바일 애플리케이션에서 차트를 열고 지표를 설정하여 분석할 수 있어 편리하다.

● 삼성증권 리서치센터

https://www.samsungpop.com

삼성증권은 테마별 융합 분석을 통해 다양한 국가와 업종, 산업에 미치는 영향을 복합적으로 분석하고 투자자들에게 다양한 시각과 깊이 있는 통찰을 제공한다. 한 가지 테마에 대해 국내 해외 증시, 종목별 영향을 묶어 함께 다루고, 해외 리서치센터와 리서치 네트워크도 강화했다. 특히 자료 형식을 다변화해 스마트폰으로 가볍게 읽을 수 있는 스폿 코멘트, 애널리스트와 실시간 세미나와 질의응답이 가능한 '삼성증권 라이브(Live)', 애널리스트가 직접 출연해 설명하는 동영상 자료와 팟캐스트 등 다양한 방식으로 투자 정보를 얻을 수 있다. 홈페이지 '투자정보' 〉 '리서치탐색기'에서 섹터별 투자 리포트를 찾아볼 수 있다.

● 대신증권 리서치센터

https://www.daishin.com/g.ds?m=89&p=3743&v=2773

대신증권 리서치센터는 센터 내 '장기전략리서치부'를 만들어 기존 애널리스트뿐 아니라 민간 연구소 전문가 출신의 팀장급 애널리스트 13명이 이끌고 있다. 글로벌부 동산팀, 해외선진국팀, 미래산업팀을 두고 새롭게 변하는 투자 자산에 맞춰 단기 예측 이 아닌 3~5년 뒤 적중되는 장기적인 전략을 제시한다. 2020년 연간 전망 보고서에 서 '상고하저(上高下低)'를 예측했는데, 타 증권사들이 상저하고(上低下高) 장세를 예상한 것과는 대조적이다. 뚜렷한 근거에 기반 한 소신 있는 반대 의견을 제시하는 것이 특징 이다.

● ETF 뉴스 사이트 〈ETF TRENDS〉

https://www.etftrends.com

1,400개가 넘는 ETF가 상장되어 있고, 펀드 자산 규모 기준으로 전 세계 ETF시장의 70% 이상을 차지하는 미국 시장의 ETF 관련 각종 뉴스를 다룬다. 방대한 ETF 종목을 섹터별로 분류해 관련 이슈와 전문가 분석을 더한 기사를 제공하며, 금융시장 움직임을 ETF 관점에서 분석하고 ETF시장 전망을 내놓는다.

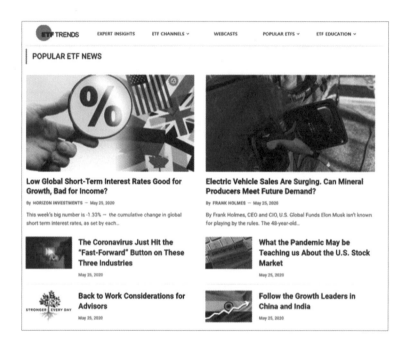

ETF TREND

ETF 트렌드 2020
대변동의 시대, 이기는 판을 짜라

1판 1쇄 발행 | 2020년 6월 12일
1판 3쇄 발행 | 2020년 9월 25일

지은이 ETF트렌트포럼 외
펴낸이 김기옥

경제경영팀장 모민원
기획 편집 변호이, 김광현
커뮤니케이션 플래너 박진모
경영지원 고광현, 임민진
제작 김형식

인쇄 · 제본 민언프린텍

펴낸곳 한스미디어(한즈미디어(주))
주소 121-839 서울특별시 마포구 양화로 11길 13(서교동, 강원빌딩 5층)
전화 02-707-0337 | 팩스 02-707-0198 | 홈페이지 www.hansmedia.com
출판신고번호 제 313-2003-227호 | 신고일자 2003년 6월 25일

ISBN 979-11-6007-494-9 13320